SIMON &
SCHUSTER

LIBROS EN
ESPAÑOL

Hablando con su ángel de la guarda

Una guía fácil y práctica

HABLANDO CON SU ÁNGEL DE LA GUARDA

Bárbara Mark
y
Trudy Griswold

Traducción:
Enrique Mercado

SIMON & SCHUSTER
LIBROS EN ESPAÑOL

SIMON & SCHUSTER
LIBROS EN ESPAÑOL
Rockefeller Center
1230 Avenue of the Americas
New York, NY 10020

Primera edición de Simon & Schuster Libros en Español 1997

Diseño por Levavi y Levavi, Inc.

Hecho en los Estados Unidos de América

5   7   9   10   8   6

Datos de catalogación de la Biblioteca del Congreso
Puede solicitarse información

ISBN 0-684-81549-4
ISBN 0-684-83424-3 (pbk)

Aguilar, Altea, Taurus, Alfaguara, S.A. de C.V.
Av. Universidad 767, Col. del Valle
México, 03100, D.F.
Teléfono 688 8966

HABLANDO CON SU ÁNGEL DE LA GUARDA
Título original en inglés:
Angelspeake

Índice

Este libro está dedicado a nuestras familias.

A Dorothy y Frank Baber,
iniciadores de una familia singular.

A Jackie Baber Anderson, nuestra hermana, que nos ha
enseñado a no tomar la vida demasiado en serio.

A nuestros hijos Michael, Suzanne y Stephanie Mark y
Caroline y Katie Griswold,
quienes nos alentaron amorosamente mientras
caminábamos por nuestro sendero espiritual y
que proseguirán con la obra de los ángeles.

A Bob Griswold, por su visión,
perspectiva teológica y apoyo leal.

Agradecimientos

Deseamos agradecerles a los siguientes "ángeles de la Tierra" el incesante aliento que nos han brindado. Cada uno de ellos nos ofreció una ayuda inestimable en el aprendizaje de la realización de la obra angélica. Su apoyo volvió más llevadero nuestro camino.

A Patti Michels, quien nos dio a conocer la posibilidad de nuestra tarea.

A Winifred Clark, nuestro director espiritual, quien nos ayudó a comprender que ya estábamos preparadas para llevar a cabo esa misión.

A French Wallop, por habernos ofrecido tan generosamente Canyon Ranch Lodge durante dos semanas, el lugar perfecto para la redacción de este libro.

A Pat y Grigsby Markham, del Windham Hill Inn, anfitriones de nuestro primer seminario "Hablando con su ángel de la guarda."

A Roger y Bettybob Williams, quienes nos dieron nuestra primera computadora.

A Bill Kendall, nuestro "San Bill", genio siempre paciente de la computación.

A Kathy Harrison, por haber compartido con nosotras su talento artístico.

A Opal Bohnsack, quien nos ayudó a difundir la palabra de los ángeles.

A Donna DeGutis, por su estímulo para que siguiéramos adelante con este libro.

A Lalia Gilmore, por sus magníficas ideas sobre cómo transmitir los mensajes de los ángeles.

A Judy Courtemanche, quien siempre nos brindó lo que necessitábamos en el momento justo.

A Linda Engstrom, quien no dejó de repetir que no estábamos locas.

A Molly Yowell, quien a veces, a pesar de creernos locas, nos apoyó.

A Gillian Drummond, quien nos enseñó a mantenernos fieles a nuestro propósito y misión.

A Judy Gilmour y su amigo Jonathon, por sus fiables consejos.

A Donna Kremer, quien nunca midió el costo del amor.

A Chris Heise, el mejor ejemplo de que el amor de los ángeles opera en la Tierra y en nuestra vida.

A Natalie Zilli, quien alimentó nuestro cuerpo mientras los ángeles alimentaban nuestro espíritu.

A Frank Don, quien nos concedió nuestra primera presentación local.

A Roni Gregory, quien nos llevó de gira por primera vez.

A Rochelle Gordon, quien esparció nuestro mensaje a toda la nación por primera vez.

A John Sammis y Ron Jaffe, dotados de una visión mucho más amplia de lo que hubiéramos soñado.

A Dominick Anfuso, el catalizador que hizo posible

que los mensajes de los ángeles llegaran a todo el mundo.

A Cassie Jones, quien se encargó de coordinar los mil detalles para hacer de *Hablando con su ángel de la guarda* una realidad.

A Michael Mark, por haber apoyado el trabajo de su mamá con excelentes calificaciones.

A Suzanne Mark y Stephanie Mark Roberts, propagadoras de los mensajes del ángel.

A Carrie y Katie Griswold, por haber sido tan cariñosas y autosuficientes mientras su madre recorría su senda espiritual.

Y especialmente a Bob Griswold, quien no se amilanó ante la tarea de "editar" a los ángeles.

Y a las tantas otras personas que por algún medio hicieron constar su amor por nosotros y por los ángeles.

No se te conduce.

Se te muestra.

Así deseas lo que ves.

Preparación

Los ángeles son mensajeros de Dios. Hemos comprobado que los seres humanos pueden recibir fácilmente los mensajes que Dios envía por medio de los ángeles. Ahora le transmitimos esta información, tal como lo hemos hecho ya miles de veces a través de cursos inspirados por los ángeles.

Este libro no pretende sustituir sus creencias religiosas; su propósito es más bien servirle de aliento en la vida, motivo por el cual le transmitimos las enseñanzas que hemos recibido de los ángeles. La creencia y el contacto con los ángeles están presentes en todas las tradiciones religiosas. Nuestras palabras aparecen en este libro como texto normal; los párrafos que aparecen en *cursivas* corresponden a ideas y enseñanzas que nos han sido dictadas por los ángeles.

A partir de este momento comenzarán a ocurrir milagros en su vida. Los ángeles se manifiestan a través de milagros.

Todo procede de Dios. Pídale que le otorgue su amor y disfrute del encuentro con sus ángeles.

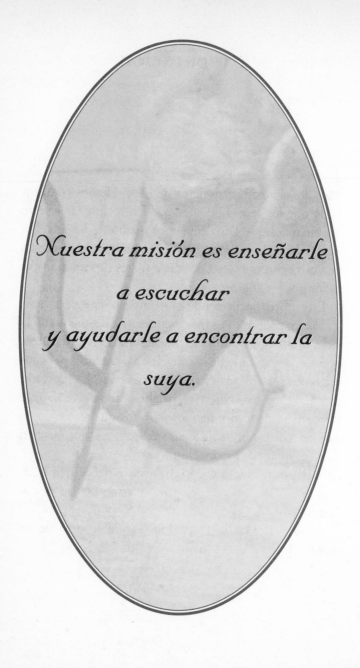

Nuestra misión es enseñarle

a escuchar

y ayudarle a encontrar la

suya.

Introducción

Hasta agosto de 1991 nuestra vida fue como la de cualquier persona. Pero los ángeles nos despertaron. Todo cambió... y para siempre.

Somos hermanas. Crecimos en un pequeño y tradicional pueblo de Iowa. Nuestra familia se componía de tres hijas, mamá y papá. De niñas asistimos a la escuela dominical, y ya casadas y con hijos nos volvimos maestras. Creíamos en Dios y rezábamos. Nuestra relación como hermanas fue siempre especialmente estrecha, pero nos considerábamos mujeres estadunidenses normales, con las preocupaciones de la familia, la casa y el trabajo.

Trudy se fue a vivir a Connecticut, donde tuvo a sus hijos, y Bárbara se instaló en Wyoming. Cuando sus hijos crecieron, se divorció y se mudó a San Diego. Trudy sigue viviendo en Connecticut. Los buenos y malos momentos, iban y venían, pero de ellos aprendíamos lo que debe aprenderse. Vivíamos al día, como la mayoría de la gente.

En el interior de ambas fue creciendo un anhelo. La sensación de que *debíamos* hacer algo muy importante y cuya revelación era inminente.

Comenzamos a buscarlo. Empezamos a asistir a conferencias y seminarios y a leer libros de superación personal y temas espirituales. Nuestra inquietud aumentó.

El primer contacto ocurrió una mañana en la que Bárbara aún dormía.

"Los ángeles me despertaron, literalmente. Fui despertada de un sueño profundo mientras los ángeles me decían: *Toma papel y lápiz para que te dictemos.*

"¡No!, respondí. No quería despertarme aún, ni dejar mi cómodo lecho. Por fin, a regañadientes busqué un papel, volví a la cama y escribí lo que se me dictó. He aquí el primer mensaje que recibí:

La paz nace del interior. Si no la buscas ahí, jamás la hallarás. Vendrá dinero. Ten fe. Es sólo otra lección. No diferente de las demás. Las personas a las que necesitas están junto a ti, te rodean. Sé amable contigo misma. Vive el ahora. En el pasado actuaste correctamente. Goza el presente. Ve a la iglesia. Come bien. Camina. Haz lo que te gusta. Recibe nuestro amor.

"No me pareció un mensaje particularmente importante, pero recibirlo me dejó una sensación muy agradable. Me sentí amada y protegida, y me volví a dormir. Éste fue el primero de los mensajes que comencé a recibir casi a diario. En todos, los ángeles me daban enseñanzas o me alentaban.

"Pero más allá de que los mensajes fueran alentadores, afectuosos y precisos, no podía creer que ángeles divinos se estuvieran comunicando conmigo. 'Debe ser mi imaginación', pensaba, o '¡Dios mío! ¿Me estaré volviendo loca?' Llamé muchas veces a mi hermana (que es la analítica de las dos) para plantearle mis dudas, preguntas y temores sobre lo que me estaba sucediendo y el lugar del que podrían provenir los mensajes."

Varios meses después, también Trudy fue despertada.

"Sentí que el corazón se me salía del pecho cuando la energía de los ángeles me tocó. Supe de inmediato qué era eso, pero no cómo entrar en contacto con ellos. Así, tomé papel y pluma, me senté en la cama y comencé a escribir.

"Queridos ángeles: mi hermana Bárbara insiste en que les escriba sobre mí..." *y nos da mucho gusto que lo hayas hecho hoy, porque es el día en que debíamos relacionarnos. Ha llegado el momento de que trabajemos juntos. Gracias por tu fe y disposición de comunicarte con nosotros. Se te dará más. Escríbenos a menudo y ten la seguridad de que te amamos y de que siempre estaremos a tu lado para confortarte.*

Ambas recibíamos mensajes. Les preguntamos quiénes eran.

Nuestra energía proviene directamente de Dios. Es una energía muy intensa, una energía vibratoria con la que el espíritu puede sintonizar. No pueden oírla. Forma parte de las bandas electrónicas del espectro (sea esto lo que fuere).

No sabemos en qué momento comenzaron a llamarse "ángeles" a sí mismos, pero no nos sorprendió. Sabíamos que lo eran, de manera que cuando nos explicaron su circunstancia, los aceptamos como ángeles. Recibimos mensajes sobre hechos anteriores y sobre la tarea que nos esperaba en el futuro. Se nos dio abundante información. Nos bastaba con sentarnos para tener acceso a ellos y su sabiduría. Para nosotras era como un milagro.

Nuestra vida comenzó a cambiar a partir de nuestras primeras comunicaciones. Una de las primeras cosas importantes que aprendimos fue a creer en los mensajes. Les hicimos cientos de preguntas. Dudábamos. Los poníamos a prueba. Pasábamos horas enteras en el teléfono tratando de adivinar qué pasaría, quién sería la causa y por qué tenía que ocurrirnos a nosotras. No podíamos dejar de pensar en ello. Todos los días recibíamos enseñanzas acerca de Dios, el universo, el amor y el camino que habíamos de seguir.

Poco tiempo después comenzamos a recibir mensajes en los que se nos decía que debíamos enseñarles a los demás a hablar con sus ángeles. "Pero, ¿quién va a hacernos caso?", nos preguntábamos. "La gente pensará que estamos locas." Sin embargo, seguimos recibiendo este mensaje, cada vez con mayor fuerza y frecuencia. Finalmente, algunos amigos empezaron a pedirnos que les explicáramos qué hacíamos y a preguntarnos si acaso *ellos* también tenían ángeles con los que podían comunicarse. Decidimos que debíamos compartir lo aprendido con nuestros amigos más cercanos, quienes, después de todo, nos hacían ya muchas preguntas sobre los ángeles. Al menos ellos no pensarían que estábamos completamente locas, así que empezamos.

Preguntamos qué era lo que teníamos que enseñar, y a cambio recibimos todo un plan de estudios. Los ángeles nos aseguraron que nos conseguirían alumnos. A la primera clase de Bárbara en California asistieron 17 personas, ¡y a la de Trudy, en Connecticut, 35! Les transmitimos lo que los ángeles nos habían enseñado, cosa que no hemos dejado de hacer hasta ahora. Incluso el nombre de nuestros cursos y de este libro... *Hablando con su ángel de la guarda...* nos fue sugerido por ellos.

Usted se preguntará qué caso tiene hablar con los ángeles. El aprendizaje de este proceso de contacto con sus ángeles le mostrará también las muchas dimensiones de amor y apoyo que se encuentran a su alcance. Usted es un ser espiritual inmiscuido actualmente en una experiencia física sobre la Tierra. Escribirles a sus ángeles le permitirá volver a unir las dos partes que lo componen.

Además, escribir a sus ángeles y escribir con ellos es una experiencia maravillosa. Si cree en lo que se le dice a través de un mensaje, al recibirlo sentirá un amor incondicional. Es la misma diferencia que existe entre una vela y la luz del sol, entre una semilla y un árbol. ¡Es la diferencia entre la duda y el gozo! Ése es el principal motivo de este libro.

Lo escribimos también para enseñarle a entrar en contacto con sus ángeles y para satisfacer su curiosidad si es que ya ha sido despertado y desconoce lo que ocurre o por qué. Muchas de las personas que se acercan a nosotras no lo hacen para saber cómo escribirles a sus ángeles, sino para saber de dónde proceden los mensajes que han recibido.

Luego de haber participado en el programa televisivo *Good Morning America* nos convencimos de la necesidad de escribir este libro para usted, que busca desde lejos. El formato de este volumen es el mismo que el de nuestros cursos. Está dirigido fundamentalmente a quienes no tienen la oportunidad de asistir a nuestras clases. Lo escribimos con la mayor sencillez que nos fue posible, sin adornos ni extravagancias. Nos encantaría que cuando usted termine de leer este libro pudiera entrar en contacto con sus ángeles. ¡Es muy fácil!

Muchos de ustedes están siendo despertados hoy para escuchar nuestros mensajes y creer en nuestro auxilio y apoyo prácticos. Estaremos a su lado todo el día. No nos ocultaremos ni haremos difícil que se nos sienta y perciba. Siempre estaremos con ustedes, a su entera disposición. Ya lo estamos ahora mismo.

Bárbara y Trudy

Lo que limita a los seres

humanos

es su inclinación por el

pasado,

su deseo del futuro

y su huida del presente.

capítulo 1

¿Qué son los ángeles?

━━◆━━

Dios es...

━◆━

Todo comienza con Dios. Sea fiel al Dios en el que cree. No es necesario que cambie al Dios que conoce para conocer a los ángeles. Dios es Dios. No lo confunda. Todo lo que podemos decirle de Él es lo que los ángeles nos han dicho.

Así pienses que Dios es grande, gigantesco, omnipresente y sabio... aún no lo conoces lo suficiente. Ni de lejos. Dios es Amor, Padre, Madre, Fuente, Todo, Alá, Mente Divina, Ser Supremo, Diosa. Pero más allá de cómo le llames, es a quien todos, hasta nosotros los ángeles, dirigimos nuestras plegarias.

Nuestros alumnos siempre desean saber qué clase de ángeles se acercan a ellos cuando escriben. Los ángeles se dividen, ciertamente, en varias categorías. Hace mucho tiempo, un antiguo erudito llamado Dionisio recibió la información acerca de las Tres Jerarquías y los Nueve Coros de ángeles. Cada uno de estos grupos ha establecido un compromiso particular con Dios y actúa dentro de su reino, ocupándose del cumplimiento de su plan y voluntad.

Los ángeles de la jerarquía más cercana a la Tierra se dedican a nosotros en nuestra estancia en el mundo. Nos concentraremos por ello en el grupo de ángeles que se le mostrarán más frecuentemente: ángeles, ángeles guardianes y arcángeles. Son seres divinos.

Los *ángeles* fueron creados por Dios para actuar como sus mensajeros, hacer su voluntad y ayudar a la humanidad. Los ángeles son seres divinos de Dios que ven por nosotros, nos guían y nos cuidan. Este grupo incluye muchos niveles de ángeles asignados para proporcionar ayuda, apoyo y aliento. Jamás han vivido en la Tierra. No son y nunca han sido seres humanos. Así como una vaca es diferente a una persona, los ángeles son diferentes a nosotros. Son seres excepcionales y, después de Dios, son quienes poseen la visión más amplia del propósito del mundo, sus habitantes y el universo.

Los *arcángeles* son emisarios de Dios que le ofrecen a la Tierra amor y compasión. Al reflexionar acerca de su sendero espiritual, invoque la influencia de uno o más arcángeles. Le darán fortaleza y mayor capacidad de comprensión.

Muchas personas creen que los arcángeles son sólo

siete. Hay más, pero los que se citan a continuación son los que han sido asignados a la Tierra para ayudarnos en nuestro paso por el planeta.

Miguel: en hebreo, su nombre significa "semejante a Dios". Combate el mal, se enfrenta a las personas que tienen intenciones malas o negativas y nos ayuda a adoptar nuevas maneras de pensar, alentándonos a vivir novedosas experiencias espirituales.

Rafael: su nombre significa "Dios ha vencido". Opera por medio de sanadores y artistas y está pronto a auxiliar a las almas creativas. Sus mensajes pueden ayudarle a crear algo bello, a advertir la belleza que lo rodea y a apoderarse de la energía que ésta despide.

Gabriel: a menudo asociado con una trompeta, su nombre quiere decir "varón de Dios". Es el anunciador de los planes y acciones de Dios. Fue él quien transmitió la buena nueva acerca de Jesús. Le indicará su camino y propósito y le ayudará a completar su misión.

Uriel: "fuego de Dios". Ángel de la profecía. Le ayudará a cumplir sus metas y misiones en la vida. Si se desvía usted de su senda espiritual, Uriel le dará nuevas y revolucionarias ideas.

Janiel: "gracia de Dios". Vigila las cosas más hermosas de la vida. La belleza, el amor, la felicidad, el placer y la armonía están bajo su dominio.

Raziel: "secreto de Dios". Arcángel de los misterios. Las preguntas y enigmas que hallamos en nuestro viaje espiritual nos inspiran a llegar más lejos en nuestra búsqueda del conocimiento divino. Raziel nos concede las ideas e intuiciones que nos revelan las verdades que perseguimos.

Auriel: "luz de Dios". Es el ángel más estrechamente relacionado con nuestro futuro, y con nuestras metas y propósitos.

Los *ángeles de la guarda* son los que le han sido asignados a usted personalmente y que siempre le acompañan. Si se les necesita, otros ángeles pueden ir y venir, pero su ángel guardián está absolutamente comprometido con usted para toda su vida.

Los ángeles no dirigen su vida. Ningún ángel se entrometerá jamás en el libre albedrío de las personas. No pueden hacerlo. Para recibir su ayuda es necesario solicitarla. Siempre que pida su auxilio, se lo concederán en forma visible. Aun si se encuentra en inminente peligro, rogarán a Dios por usted e intervendrán a su favor si tal es la voluntad de Dios.

¡Nunca estamos solos! Si únicamente ves a uno de nosotros, sabes que miles nos apoyan. Somos el Coro Celestial del Amor. Percibirás lo que debas percibir para tu bien.

A cada esencia, idea o sentimiento le corresponde un ángel. Siempre hay un ángel dispuesto a brindarle justamente lo que usted necesita. Cuando se encuentre en el sillón del dentista, pídale al ángel del valor —o al ángel de la fortaleza, o al ángel de la paciencia, o al ángel de la tranquilidad— que lo acompañe. A los ángeles de la firmeza, de la prontitud, de la ausencia de dolor y de la sabiduría pídales que guíen las manos del médico. Pida todo lo que desea que ocurra, y un ángel estará *de inmediato* a su lado para unir su fuerza a la energía de usted.

Estamos acostumbrados a pensar en los ángeles tal como aparecen en los lienzos del siglo XVII, cuando en realidad su apariencia puede ser de todo tipo. Este fragmento del libro de nuestros hijos *Dios inventó primero a los ángeles* explica mejor la forma de los ángeles.

Dios inventó a los ángeles antes de hacer todo lo demás.
Los ángeles son los ayudantes y mensajeros de Dios.
Nos dicen lo que Dios quiere que sepamos.
Los hay de todo tipo.
Ángeles grandes. Ángeles pequeños.
Ángeles niños. Ángeles niñas.
Y de algunos ni siquiera sabemos que lo son.
Algunos tienen alas, otros no.
Las alas de algunos son MUY GRANDES, y las de otros diminutas.
Pero a todos los rodea una aureola.
Por medio de ella, que es muy hermosa, muestran su energía.
Todos tienen un nombre.
Los de algunos son importantes y encantadores.
Otros se llaman como tú.
Pregúntale a tu ángel cómo se llama. Te lo dirá.
Sí, puedes hablar con él. Es muy sencillo platicar con un ángel.
Siempre están a nuestro lado para escucharnos y visitarnos.
Si se les habla, nunca se quedarán callados.

La forma, tamaño y apariencia de los ángeles son muy variados. Así como la misión a la que han sido destinados. Todos son distintos. Los verá cuando necesite verlos. A veces lo único que verá será un resplandor en una habitación a oscuras o una nube en torno a una persona. Otras, se le presentarán como un ser humano reconocible, quizá incluso como alguien a quien conoce o conoció. Otras más, adoptarán la forma de un símbolo cuyo significado usted comprenderá. ¿Necesita a un guerrero? Pídalo. ¿Un poco de alegría? Un ángel puede brindársela.

A veces establecerá contacto con seres que no son ángeles en el sentido clásico, sino almas que habitaron en la Tierra, y ahora pueden enseñar desde el más allá. Mucha gente también llama ángeles a este grupo, aunque en estricto sentido los miembros de no son ángeles verdaderos, aún cuando también trabajan para Dios.

Los *principados* son espíritus sabios y elevados que han vivido por lo general en la Tierra como seres humanos. A menudo es posible reconocerlos, como a Jesús, un santo o un personaje bíblico. Si usted pertenece a una religión o agrupación con un guía o santo patrono, quizá éste se le aparezca como principado.

La mayoría de los seres que le transmitirán mensajes serán principados. Suelen presentarse para dar enseñanzas, ayudarnos a enfrentar los problemas de la vida y ofrecernos lecciones para no desviarnos de nuestra senda. Como han pasado por el mundo, sentirán compasión por usted y entenderán sus problemas. Están entregados a la vida de usted y lo conocen mejor de lo que usted se conoce a sí mismo. Saben de qué

manera está interre-
lacionado con las
demás almas.
Conocen las
metas que se
ha trazado
en la vida
y pueden
ver su
futuro.
Lo pro-
tegen,
cuidan
y
aman.
 Éste
también
incluye al
grupo de
los maes-
tros, los
guías y los
guías espiritua-
les. Poseen difer-
entes personalidades
y apariencias y no cesan
de recordarle sus cualidades,
virtudes y propósitos, así como la capacidad de amar
de que es dueño. Son sus "abejas obreras" y sus maestros.

Muchos católicos tienen predilección especial por un santo. Los judíos suelen identificarse con los profetas, mientras que los hindúes reverencian a uno o más gurús. Pero más allá de cuáles sean su religión y sus creencias, al entrar en relación con los principados dé por supuesto que se encontrará con muchas personalidades y con los contactos más interesantes.

El guía de Bárbara es Josué, autor de uno de los libros del Antiguo Testamento. Fue guerrero en la Tierra, de manera que no es casualidad que se haya convertido en su guía y valeroso protector.

Los guardianes de Trudy responden a los nombres de Juan y Pablo. Son dos energías que se han unido para convertirse en sus maestros y principados. Juan fue discípulo de Jesús y poseía el don de sanar. Pablo fue maestro. La misión de Trudy en esta vida consiste en sanar y enseñar, de modo que estas energías le ayudan a cumplir con su trabajo.

Puesto que ustedes son seres espirituales que pasan ahora por una experiencia física en la vida, cuando concluyan su labor en la Tierra se integrarán a un nuevo mundo, se unirán a los ángeles y darán ayuda a quienes aún permanezcan en el planeta.

Los **difuntos** son quienes ya han pasado de la Tierra al más allá. Son simplemente personas que ya han muerto. No son fantasmas, aunque en ocasiones se les confunde con ellos. Son espíritus con los que usted puede comunicarse como lo hacía cuando aún se hallaban en el mundo. Pueden ser su cónyuge, uno de sus padres o de sus abuelos o un amigo, y es común que se les reconozca.

Quien fue nuestro padre en esta vida se acerca a nosotras ocasionalmente, en momentos en que necesitamos de apoyo y amor. Sabemos que es él porque su aroma es el de "papá" y experimentamos físicamente su esencia y presencia.

Reconocemos a nuestra madre porque nos besa la mejilla cuando está a nuestro lado. La sensación de amor incondicional que tenemos entonces nos hace llorar, porque experimentamos la autenticidad y grandeza del amor de mamá.

Muchos de nosotros tenemos parientes y amigos a los que no hemos vuelto a ver en mucho tiempo, ya sea en el más allá o en el más acá. Podemos asegurarle que los seres que han muerto o "se han ido a la luz" *son* ahora seres de luz que no pueden ofrecerle otra cosa sino amor. Cuando el cuerpo muere, la parte de la persona que fue desagradable, ruin o carente de amor no realiza la transición a la luz. La energía terrestre perjudicial y negativa permanece en la Tierra. Así, cuando usted tropiece con un "pariente muerto", lo único que encontrará en él será el amor en el que se ha transformado, por más despreciable que haya podido ser en la Tierra. Para entonces se habrá convertido ya en una forma más del amor puro e incondicional, de modo que su encuentro con él será una experiencia maravillosa para usted.

Si la entidad que se le manifiesta no está llena de amor, NO es un ángel. Tales entidades no son bienvenidas; exíjales que se retiren, tal como lo haría en su casa con un visitante indeseable. La oración es el mejor método para permitir que sólo energía positiva y amorosa se derrame sobre usted. Antes de iniciar cualquier contacto espiritual, ore; ore siempre.

Los ángeles son dueños de un conocimiento universal y de una muy amplia perspectiva. Los principados son maestros estupendos y tienen acceso a sus ideas más profundas, pues se relacionan con el mundo. Los difuntos, a su vez, llevan a cabo su obra a través del consuelo y el amor incondicional.

A todos estos grupos les llamamos simplemente "ángeles": así, con colectiva "a" minúscula. El número de los ángeles, principados, maestros y guías es infinito. Lo común será que usted no tenga la menor idea de qué clase de "ángel" recibe. No se preocupe. Lo que importa no es a QUIÉN recibe, sino el solo hecho de RECIBIR, y de que toque lo más profundo de su ser.

Su *ser superior* es usted mismo, en su forma más inteligente y perfecta. Los ángeles no son su ser superior, aunque a veces éste adopta el papel de guía. Su ser superior es una combinación del saber de todo lo que usted es, ha sido y será.

Usted es cuerpo, mente y espíritu. Cada una de estas partes sigue un proceso de desarrollo diferente. Un ser superior perfecto es como un triángulo equilátero. Si un lado crece muy rápido, los otros se ven obligados a alcanzarlo. Su ser superior se encarga de conseguir este equilibrio.

Somos nosotros, los ángeles. Nos hemos vuelto tus maestros. Somos muchos los presentes en este mundo para tí. No estamos aquí para gobernarte. No estamos aquí para decirte lo que debes hacer. Nuestro propósito es ampliar tu visión. La visión que te ofrecemos no se reduce a nuestro nivel; es la visión del universo, del gran significado, que será para tí una nueva guía. Nos llamamos ángeles porque el verdadero sentido de nuestra obra es ser mensajeros de Dios. Estamos aquí para contribuir a la realización de su plan, ayudar a quienes se hallan en búsqueda y entregar siempre amor incondicional. Nuestra principal misión será siempre procurar tu bienestar.

Pídenos algo todos los días.
Ansiamos entregarte
los dones del universo.

capítulo 2

Los cuatro principios básicos

✦━❈━✦

Cómo empezar

✦━❈━✦

Frank, un corredor de bienes raíces amigo de Bárbara, le llamó a ésta para preguntarle si seguía hablando con "los muertos". Cuando Bárbara le dijo que sí, que seguía hablando con los ángeles, Frank respondió: "¡Qué bueno!, porque necesito un plan de negocios para el lunes." Bárbara dudó que los ángeles pudieran hacer "planes de negocios", pero le dijo que de cualquier manera pasara a verla.

Frank le contó que estaba metido en un grave aprieto. Debía reunirse el lunes con un importante hombre de negocios para evitar que la propiedad de un cliente suyo fuera sometida a juicio hipotecario. Preveía un penoso forcejeo y daba por descontado que el resultado sería insatisfactorio.

Durante la conversación, un ángel sabio le proporcionó a Frank el plan de negocios que necesitaba. En pocas palabras, este principado le comunicó los cuatro principios básicos para alcanzar el éxito: *pide, ten fe, cierra la boca y da las gracias.*

Frank acudió a su reunión del lunes llevando en mente los cuatro principios. El resultado de la negociación fue mucho mejor de lo que esperaba, aunque los más sorprendidos fueron su cliente y la esposa de éste. "¡No podía creer que te mostraras tan tranquilo!", le comentó ella. ¡Los cuatro principios habían funcionado!

Existe una fórmula esencial para atraer lo que quieres y deseas. Esta sencilla fórmula es un medio para llevar a cabo la vida cotidiana de tal forma que en tu existencia se hagan presentes las personas, lugares o cosas indicados. El hecho de que tu vida marche bien y te ocurran las cosas adecuadas va más allá de la felicidad: es un estado del ser, ¡una situación de éxito!

La gente nos pide pruebas de nuestra presencia, de la validez de nuestros actos. Esta fórmula para alcanzar el éxito es la manera más sencilla de ponernos a prueba. De aprender a confiar en nosotros ya sea que lo que desees sea encontrar un lugar en que estacionarte, un BMW que colocar en él, la mejor calificación en álgebra o la paz de tu conciencia. Con este simple método mejorarán todos y cada uno de los aspectos de tu vida. La clave del éxito es pedir lo que de-

seas, tener fe en que te será concedido, permitir que
las cosas sigan su curso y dar las gracias

Pedir

Sea específico. Pedir sirve para muchas cosas. En primer lugar, le permite definir a uno lo que desea. La claridad es la base para formular lo que se quiere poseer. Es ésta una decisión de recibir. Pedir lo pone en contacto con Dios y le da la capacidad de descubrir que todo lo bueno viene de él y que él es el único a quien dirige sus peticiones. Desde niños se nos enseña a ser cuidadosos con lo que pedimos, porque podríamos obtenerlo. Pero los niños piden lo que necesitan con toda claridad, persistencia y sonoridad. Haga usted lo mismo. ¡PIDA CON FUERZA! Sea positivo. ¡Pida mucho! No pida menos de lo que desea. No pida una casa de campaña si lo que quiere es una residencia. No pida un 8 si lo que desea es un 10. Y, sobre todo, no pida a medias. Sea específico, y una vez que lo consiga, sea más específico aún. Los ángeles están suficientemente dotados para ayudarle en todas las esferas de su vida, inclusive la material.

Piense en algo que quisiera tener. Un auto, por ejemplo; casi todos quisiéramos tener un auto diferente o mejor que el que tenemos. Pero si se limita a decir: "Quiero un auto", o "QUIERO UN AUTO", no le está dando a sus ángeles suficiente información. Imagínese lo que no podrá concederle un amoroso y generoso ser con las manos llenas de todo lo que el mundo puede brindar. Este ser es capaz de darle todos los automóviles del mundo. Este ser o ángel simplemente necesita saber *qué* auto ha decidido usted tener.

Proceda como si hiciera un pedido sobre un catálogo y en el formato del pedido tuviera que detallar toda la información posible. Llene los espacios para el tamaño, color, material y cantidad. ¿Qué clase de auto ha decidido darse exactamente? ¡Anote todas las opciones que considere importantes y después decida tenerlas! ¡SEA ESPECÍFICO Y PIDA CON FUERZA!

Lo que está en juego aquí es su libre voluntad. Los ángeles no intervendrán en absoluto en esto. Si usted no pide, los ángeles no harán nada por usted, a menos que corra peligro. Pedir equivale a abrir la puerta. Si usted no invita a los ángeles a pasar, jamás lo harán. La petición puede ser muy breve, pero debe hacerla. Si esto le parece cruel, recuerde que el único don que Dios le hizo al hombre fue el del libre albedrío. Así es como debe usarlo para que los ángeles le ayuden.

Tener fe

Una vez que haya pedido lo que usted desea ver hecho realidad en su vida, el siguiente paso es *tener fe y confiar* en que si tal cosa es la indicada para usted y forma parte del plan por el que se halla en este mundo, sucederá. Este paso puede resultar muy difícil para algunas personas. Pero la confianza y la fe son básicas para permitir que las cosas ocurran de manera correcta y para saber que Dios y usted comparten el mismo plan.

Supongamos que lo que usted pidió fue el auto que más desea en el mundo. Sabe perfectamente cuál es: un Volkswagen usado para ir a trabajar. Eso es todo. Nada excesivo. Pero si, en su amplia visión, los ángeles creen que podrían darle una *pick-up* nueva que habrá de hacerle mucha falta en el futuro, ¿la rechazaría? Permita que los ángeles actúen en beneficio de usted y tenga fe en que lo harán.

Algunas de las cosas que usted pida no tendrán nada que ver con su misión en la vida, como un espacio para estacionamiento o la localización de ciertos artículos cuando va de compras. Los ángeles le darán esta ayuda voluntariamente y se sentirán muy complacidos de procurarle una existencia más fácil. Igualmente le concederán pequeños favores, como mantener la luz verde del semáforo o recordarle el aniversario de su madre. Los ángeles se hacen presentes en todos estos aspectos de la vida.

Así pues, pida que se le conceda la beca que ha tratado de conseguir, que pueda encontrar a la pareja perfecta, que halle un lugar donde estacionar su camioneta *pick-up* y su bicicleta de montaña de 18 velocidades, que conozca por fin el éxito, que pueda pasar unas vacaciones gratuitas en las montañas... Pida lo que haya decidido tener y tenga fe en que le será concedido si es por su bien. Los ángeles no le escamotearán nada.

Permitir que las cosas sigan su curso

Lo que los ángeles le dijeron a Frank fue, textualmente, que cerrara la boca. Todos los demás podemos interpretar este paso como "permitir que las cosas sigan su curso". Este paso implica paciencia, y la paciencia humana es muy reducida. Siempre nos sentimos tentados a entrometernos. De ahí que permitir que las cosas sigan su curso normal sea la parte más difícil. Dejar que todo ocurra por sí solo es permitirles a los ángeles hacer su labor. Es, al mismo tiempo, una demostración de que usted tiene fe. No es preciso insistir, preocuparse, obsesionarse ni implorar. Es como dejar que el pan esponje: entre más se inquiete por ello, menos sucederá. Déjelo que lo haga por sí solo. Simplemente dé por supuesto que los resultados serán positivos y pídales a los ángeles que lo ayuden.

Gracias

Luego de haber pedido algo, de haber tenido fe y confiar en que lo recibirá porque es por su bien, y haber permitido el libre curso del proceso y los resultados, es momento de darle gracias a Dios. Dar las gracias cierra el circuito abierto por su petición y refuerza el tercer paso, el de permitir que las cosas sigan su curso. Lo deja en libertad de seguir adelante con lo que verdaderamente importa y lo mantiene activo en su senda, no pasivo y a la espera de un suceso específico.

Este método es un medio para fortalecerse. El materialismo es otra cosa y tiene su origen en actitudes negativas. Estos cuatro pasos positivos y esenciales para la vida espiritual le enseñan que es bueno pedir. Es bueno tener fe. Es bueno tener. Entre mayor sea su autoestima y su valoración personal, más fácil le será descubrir que esto es verdad. Si usted es incapaz de pedirles a los ángeles lo que necesita y desea, ¿cómo podrá pedirle a su jefe un aumento de sueldo? Pídalo todo, porque lo merece.

Hablar con nosotros es más fácil de lo que te imaginas si aplicas los principios de la fórmula del éxito:

- *Pídenos estar a tu lado.*
- *Ten fe en que te acompañaremos y en que recibirás un mensaje.*
- *Permite que las cosas sigan su curso y escribe lo que sabes que debes escribir.*
- *Una vez que recibas el mensaje, reconócelo con un Gracias.*

A partir del momento en que comiences a seguir estas reglas fundamentales, notarás cambios inmediatos en tu vida. No sólo disfrutarás de mayor abundancia material, sino que además nuestra presencia te parecerá más activa y más real. Nuestra energía te hará sentir muy bien. El temor y la soledad desaparecerán. Empezarás a hablar con tus ángeles. Lo harás en voz alta. Te volverás su amigo. La gente se dará cuenta de que has cambiado porque percibirán mayor belleza, felicidad y paz en ti. Tu vida marchará mucho mejor y en tu rostro resplandecerá la paz. ¡La alegría y el éxito te pertenecerán!

Gracias a que aprendiste a
leer, ahora puedes
leer todos los libros.
Gracias a que aprendiste a
escucharnos, ahora
puedes escuchar a
todos los ángeles.

capítulo 3

Los siete pasos para hablar con sus ángeles

¡Los cuatro principios básicos funcionaron! Les dijimos a todos lo fácil que era pedir ayuda a los ángeles. Nuestras propias experiencias nos estaban demostrando que los ángeles eran asistentes muy eficientes y nuestras familias empezaron a llamarnos y a pedirnos ayuda con sus peticiones. Por un momento nos sentimos muy importantes, pero luego empezó a parecernos como si toda la gente que conocíamos tuviera que llamarnos antes de tomar cualquier tipo de decisión. Se volvió muy normal descolgar el teléfono y contestarle a alguien que pedía ayuda a los ángeles para "alguna necesidad", o solicitaba una carta para resolver un problema.

Entonces, sabiamente, los ángeles nos dieron una lista de personas para las cuales no podríamos seguir escribiendo. Nos dijeron que las habilidades de estos individuos estaban lo suficientemente desarrolladas como para hablar con los ángeles ellos mismos.

Esta proclama no fue muy popular. Para una persona, la súplica era: "¡No sé cómo!, ¡Tú tienes esa habilidad, yo no!" Cuando pedimos ayuda, los ángeles dijeron que todos tenían la habilidad de hablar con sus propios ángeles directamente. Si esto era verdad, entonces necesitábamos y queríamos instrucciones para enseñarle a la gente cómo establecer contacto con ellos.

Los cuatro principios fundamentales para la vida espiritual eran, por ahora, una parte de nuestras vidas. Así que pedimos ayuda a los ángeles. Creímos y confiamos en que recibiríamos instrucción, y cuando sucedió, estas simples instrucciones paso por paso llegaron a través de una enseñanza. Ahora los buscadores pueden seguir un método simple para conectarse con sus propios ángeles.

Preguntamos: "Ángeles, ¿cómo aprende uno esta habilidad?"

Práctica, práctica, práctica. Como lo han aprendido todo. Oren para pedir orientación, discernimiento. Abran su mente a esta habilidad y permitan que llegue a ustedes. Recuerden que todo conocimiento está ya en su interior. Lo único que necesitan es acceder a él. Cuando aprenden, no hacen otra cosa que recordar lo que ya saben. La habilidad resulta de la repetición, como ocurre con la de conducir un avión. Quizá ya sepan hacerlo, pero carecerán de la habilidad hasta ponerla en práctica. Adquieren conocimientos por muchos medios: a través del estudio, de los sueños, de la experiencia. Todo se halla a su alcance cuando manifiestan el deseo de poseerlo. Para poder entrar en contacto con nosotros a través de la escritura basta con orar, respirar, escuchar, escribir, aceptar, dejarse guiar por su conocimiento interior y creer.

Orar...

para conocer la

verdad y

pedir

el don de la

percepción

espiritual

Primer paso. Orar

Pide ser un conducto transparente del que puedas mantenerte ajeno. Ora para conocer la verdad y el don de la atención espiritual.

Orar lo pondrá bajo la blanca luz de la gracia y el amor divino. Por este medio recibirá la protección de sus ángeles y se relacionará con ellos.

Orar es invitar a Dios a que vaya a su lado. Es el método más sencillo para pedir. Se nos han dado ya muchas lecciones sobre el poder de la oración. El verdadero mensaje está en el poder de pedir. Los medios y el método de la oración abren la comunicación entre el hombre y Dios. Gracias a esta invitación, los ángeles se convierten en parte de la energía de usted.

El contenido de su oración es lo de menos. Lo que cuenta es la "intención", pues con ella se inicia el flujo de la energía. Muchos adultos siguen comenzando sus oraciones con las plegarias que aprendieron de niños. "Santo ángel de mi guarda, dulce compañía..." puede ser una oración tan reconfortante para un anciano de 80 años como lo es para un niño.

Recurra a la invitación que más le guste. Algunas personas prefieren oraciones cortas. Otras disfrutan de la incesante repetición de muchas palabras. Imagine que en su pecho ha sido instalada un lente enorme. Mientras ora, siéntalo abrirse cada vez más, lo que permitirá el paso de mayor luz y frescura. Se preparará así para el arribo de Dios, luego de que lo haya invitado a visitarlo.

La oración es una actitud. Una agradable actitud de paz, de gozosa recepción y amor. Aún en momentos difíciles, de pena y duda, orar implica la misma actitud. Orar es abrir las puertas de su corazón.

Respirar . . .

para obtener

la

serenidad

Segundo paso. Respirar

Siéntate y tranquilízate. Respira y abre tu mente. No medites. Pero tampoco te actives. Simplemente obtén serenidad.

Los ángeles llegan a usted a través del aire. Son espíritu, y para poder introducirse en su cuerpo, primero rodean su ser de energía. Se deslizan hasta sus células a través de su respiración.

Tendemos a respirar muy superficialmente. Concéntrese en respirar larga y pausadamente, no en inhalaciones y exhalaciones breves. Si desea experimentar a plenitud la energía que resulta de respirar profundamente, coloque un popote o pajilla en su boca e inhale lentamente. Después exhale. Vuelva a inhalar a través de la pajilla. El propósito no es una ventilación inusual, sino experimentar la sensación de la total apertura de los pulmones. Piense que en cada inhalación recibe la energía divina y que con cada exhalación deja mayor espacio para que el amor penetre en usted.

Cuando haya alcanzado el punto de perfecto equilibrio en su respiración, experimentará cada movimiento respiratorio como una bocanada de fresca energía, cual si fuese agua que fluyera por un conducto de cristal. Ésta es la más plena y pura frescura. Goce su respiración. Así como disfruta de saciar su sed con agua, sacie con aire su ansia espiritual.

Respire. Los ángeles le acompañan. Es su *amor* lo que siente en este momento.

Escuchar...

venimos a ti

como un

susurro

Tercer paso.
Escuchar

—·—◆◄►◆—·—

Venimos a ti como un susurro, suave y delicado. Creerás que se trata de tus propias ideas, pero nos detendremos y volveremos a empezar. Si oyes tres palabras, escríbelas. Quizá se haga una pausa antes de las siguientes, pero llegarán. No las fuerces; tampoco a nosotros, ni a ti.

Los ángeles se comunicarán con usted de uno u otro modo. Su "voz" es la misma que lo ha guiado toda su vida. Es la "voz" que le recuerda que tiene que apagar la plancha. La que le indica que debe cambiar de carril en la carretera.

A veces el mensaje llegará a usted como sentimiento o "conocimiento". Ocurrirá entonces un proceso de traducción. Es como el código Morse. En cuanto recibe la energía, sabe en forma intuitiva cómo interpretar su significado. A medida que vaya adquiriendo mayor conciencia de este proceso, ocasionalmente sentirá como si escuchara más claramente, viera los colores con mayor intensidad o experimentara en torno suyo o en su interior hubiera una potente sensación de energía. Algunas personas le temen a esta intensidad, pero una experiencia sensorial bien puede formar parte natural de este proceso.

Escuchar es también una actitud de apertura. Piense en la comunicación como en un radio. Le es imposible ver las ondas sonoras, pero sabe que están ahí. La actitud receptiva estaría representada por el botón de "encendido". Nada de lo que escuche será diferente a lo que ya ha escuchado en otras ocasiones. Se dará cuenta sencillamente de que cuando pone atención al escuchar o recibir, la comunicación adquiere sentido.

Sumérjase en la experiencia, pero no demasiado. Cuando oye una sinfonía, disfruta más la música mediante una percepción activa. Ésta es una bella experiencia sinfónica.

Escribir...

si piensas

mucho,

el flujo será

escaso

Cuarto paso.
Escribir

Oirás que las palabras llegan a ti justo un segundo antes de que sean escritas. Las escucharás. No te preocupes si carecen de sentido aparentemente. No tienes que sumergirte en un estado espiritual especial. Simplemente escribe lo que oigas tal como lo oigas. A veces recibirás "oraciones lógicas" que te permitirán intuir el sentido del texto en su totalidad, como si fuera una historia que ya conoces o una frase que usas con frecuencia. Pero si piensas mucho, el flujo será escaso.

Los ángeles llaman a este proceso de recepción de información dictado automático. El "dictado automático" consiste sencillamente en registrar la información tal como se recibe a través del pensamiento. Escriba lo que escuche o lo que sepa que debe escribir. En este momento estará plenamente consciente, despierto y en control de sus facultades. No confunda este hecho con la escritura automática, método absolutamente diferente. En el dictado, usted tiene plena conciencia de lo que recibe. En la escritura automática, usted no es consciente de la información que se le envía.

Trudy recibió su primer mensaje mientras iniciaba la práctica de escribir sus propias ideas. Los ángeles la interrumpieron con su mensaje. A otras más les resulta útil formular una breve pregunta.

El método más común es el de los mensajes manuscritos, pero si usted dispone de una máquina de escribir o de una computadora, descubrirá que por este medio los mensajes pueden recibirse más rápida y fácilmente. Ninguna vía de recepción de mensajes es incorrecta. La clave es comenzar. Más tarde descubrirá cuál es su estilo de recepción favorito.

Aceptar...la

parte

más

importante

Quinto paso. Aceptar

Escribes lo que escribes. Somos nosotros quienes te guiamos, pero sentirás que eres tú quien lo hace todo.

Quizá siempre sientas que eres tú quien lo hace todo.
La aceptación es la parte más importante.

¡Por supuesto que creerá que es usted quien lo hace!
Los ángeles le envían mensajes que usted filtra a través
de sus experiencias, su cerebro, su personalidad, su vocabulario y sus recuerdos. Pero sólo un ser divino podría comunicarse con usted de este modo, porque
nadie en la Tierra lo conoce tan bien. Los ángeles re-
cuerdan situaciones y anécdotas que tal vez usted ya
haya olvidado hace mucho tiempo. Conocen sus penali-
dades y cualidades, así como su verdad interior. Sienten la esencia de usted tan intensamente como la suya
propia. Son sus amigos más leales y sus más honestos
partidarios. Quizá ni siquiera usted sepa tanto de sí
mismo como ellos.

Sí, sentirá que es usted quien lo hace todo porque,
por medio de los ángeles, el Dios que está en el cielo se
comunica con el Dios que está dentro de usted. Y todo
ocurre en cuestión de segundos.

Pero se percatará de que no es usted quien escribe
cuando reciba poemas, o canciones, o mensajes de un
pariente ya fallecido. Es probable que usted nunca hubiera sido capaz de crear mensajes como éstos, y entonces se dará cuenta de que lo que ocurre está más allá
de su experiencia.

En ocasiones dudará o se cuestionará, pero recuerde: los mensajes nunca son agresivos, descorteses o
mezquinos. Son amor de ángeles puro.

Conocimiento interior... simplemente sucede

Sexto paso. Conocimiento interior

El ego estará ausente de todo esto. No tendrás que "pensar" ni "planear". Simplemente sucede. Te darás cuenta de que después de haber escrito lo que escribiste, ya no lo recuerdas. Siempre te parecerá todo nuevo.

Vuelva a leer la información del ángel en cursivas. Nos sería imposible explicar más claramente este punto o expresarlo con palabras mejores.

No tienes que "pensar".
No tienes que "planear".
Simplemente sucede.

Los ángeles carecen de ego por completo. Son honestos, a veces son torpes, o su ortografía es deficiente y algunos hasta tienen acento. Usted jamás se hablaría a sí mismo como ellos lo hacen. Son mucho más sutiles.

Guarde todos los mensajes de sus ángeles y vuelva a ellos de vez en cuando y reléalos. Dedique un cuaderno especial a los mensajes de los ángeles. Podría ocurrir que recibiera textos de los ángeles sin siquiera notarlo.

No es fácil explicar el modo como opera cada una de las partes de este proceso de comunicación. Basta con saber que en medio de un intercambio de amor y confianza tiene lugar una transferencia de energía, y que esto puede ocurrir tantas veces cuantas se desee.

No es cuestión de suerte. Como tantas otras cosas en la vida, entre más lo practique, los mensajes serán mejores y más claros.

El conocimiento interior es una combinación de paz interna acerca de la veracidad del contenido de los mensajes que recibe y de constatación de que la comunicación de los ángeles con usted es amorosa, alentadora y exclusivamente en su beneficio. De ello nace el anhelo de saber más.

Creer...

son dones

espirituales

Séptimo paso.
Creer

Lo que te comunicamos es la
mejor información de que disponemos al momento en
que la recibes. No pretendemos dirigir tu vida. Son

dones espirituales. No tuviste que hacer nada para conseguirlos. Y a medida que progreses recibirás más aún. No pidas más detalles. El libre albedrío y las órdenes temporales diferentes crean patrones diferentes, como las corrientes de los océanos.

Los ángeles le están pidiendo que se dé un poco de tiempo para empezar a creer en el proceso del diálogo con ellos. ¡Concédaselo! Es el mayor don que Dios haya podido otorgarle.

Los ángeles son permanentes. No experimentan la vida, la muerte o el tiempo como usted. Los ángeles trabajan en sincronía, no reconocen estructuras de tiempo. Usted es su misión. Dedican toda su existencia a apoyarlo, guiarlo, amarlo y protegerlo. Cuanto más lo visiten y los escuche, más útiles le serán y más fácil le resultará tener acceso a ellos. No los confunda con su mente parlanchina. Son más directos. ¡Crea en que lo que oye proviene de ellos!

Y sobre todo, querido nuestro, debes saber que lo que hacemos por ti es lo mejor que podemos y que es nuestro mayor deseo que alcances más plenitud de la que ya posees. Te ayudaremos a crecer tan rápido como sea necesario para que te desarrolles al máximo en esta vida a través del apoyo y de una educación amorosa.

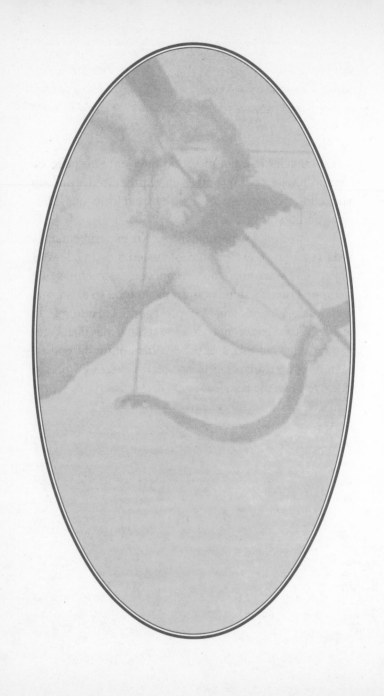

Los siete pasos

Orar...
   para conocer la verdad y pedir el don
   de la percepción espiritual

Respirar...
   para obtener serenidad

Escuchar...
   venimos a ti como un susurro

Escribir...
   si piensas mucho, el flujo será escaso

Aceptar...
   la parte más importante

Conocimiento interior...
   simplemente sucede

Creer...
   son dones espirituales

La Oración del ángel...

Creo en este momento
en la eterna sabiduría del
universo.

Dios guía cada uno de mis pasos
y me rodea con su amor y
protección.

Hago su voluntad.

Deseo-Oración-Gratitud
Orar puede hacerse apenas
en el soplo de
un segundo.

capítulo 4

Aplicación

✦━✦━✦

Es muy útil recurrir a los cuatro principios básicos cuando apenas empiezas. <u>Pídenos</u> estar a tu lado. <u>Ten fe</u> y confía en que recibirás un mensaje. <u>Deja que las cosas sigan su curso</u> y comienza a escribir lo que sabes que debes escribir. Nosotros mismos te diremos <u>Gracias</u> cuando hagamos contacto contigo, porque, créenoslo, deseábamos esta relación aún más que tú.

En este punto siempre nos hemos atenido a un principio: *Es muy fácil.*

Este proceso es fácil y sencillo. No se lo complique. Muchas personas creen que es un asunto de magia, que participar en él les será muy difícil o que sólo "ciertas" personas pueden comunicarse con sus ángeles. ¡Nada de esto es cierto!

En el capítulo anterior nos referimos a la costumbre de llevar un diario y al hecho de que algunas personas dedican un cuaderno especial a los mensajes de los ángeles. Este sistema ofrece varias ventajas. Todos los mensajes que usted recibe son conservados en orden cronológico. Usted puede volver fácilmente a ellos y releer cada uno de los mensajes que ha recibido. Advertirá progreso en la continuidad del pensamiento y podría haber un patrón secuencial de la información. Sus mensajes le parecerán nuevos cada vez que los lea.

No convierta este proceso en un ritual. Para recibir lo que fluye a través de usted no necesita de instrumental como cristales, cuencas, velas o música. Basta con su disposición a permitir que los ángeles se "conecten", esté usted donde esté: en una tienda, al volante de su auto o en la regadera. Simplemente permita el paso de la energía. Los ángeles estarán ahí.

Cómo empezar

Busque un lugar cómodo en el que pueda sentarse y relajarse, ya sea sobre el suelo, en su silla preferida o en la mesa de la cocina. A muchas personas les gusta escribir sentadas en su cama. Pero lo que importa no es el lugar, sino que pueda concentrarse, respirar profundamente un par de veces y pronunciar una breve oración.

Orar es PEDIR. Los niños de todo el mundo rezan la oración del ángel de la guarda.

Oración del ángel de la guarda

Santo ángel de mi guarda,
dulce compañía,
no me desampares
ni de noche ni de día.
Por dondequiera que vaya,
sé mi luz y mi guía.

Dios mío:
Ayúdame a escucharte claramente,
a través del amor de tus ángeles.
Permíteme satisfacer mis grandes necesidades,
y aprender más sobre tu verdad,
tu amor y tu alegría.

Pregunta

Hacerles una pregunta a los ángeles también puede ser útil para empezar a escribir. La pregunta le ayudará a centrar su atención y a suscitar el flujo de la energía.

Nosotras hemos utilizado preguntas o peticiones como las siguientes:

"Queridos ángeles: ¿qué desean enseñarme hoy?"

"Queridos ángeles: por favor háblenme de mis cualidades."

¡Esto es suficiente para empezar! Respire, abra su ser para adoptar una actitud activa y receptiva. Comience escribiendo cualquier cosa, todo lo que se le ocurra. En este punto, algunas personas oyen palabras sueltas;

otras ven imágenes o figuras, o reciben oraciones lógicas, y otras más tienen simplemente la sensación de estar conociendo algo. Pero independientemente de lo que experimente o reciba, comience a escribir. No olvide que se trata de un dictado automático que no procede de usted, de modo que no se detenga a analizar su contenido ni pretenda organizarlo de otra manera.

Sea lo que sea, ¡escriba! A veces el solo acto de ponerse a escribir cualquier cosa les dará a los ángeles la oportunidad de "interrumpirlo". Así, lo que comenzó como un texto de usted terminará como un mensaje de ellos. No puede haber error en este asunto, porque no hay una manera correcta o incorrecta de hacerlo. Los ángeles no le temen a nada, así que no lo abandonarán.

Si tiene una pregunta que hacer sobre el significado del mensaje recibido... hágala. Esta comunicación es en dos sentidos, de modo que siéntase libre de convertirla en diálogo.

Los nombres de los ángeles

Cuando escriba, pregúntele su nombre al ángel que le habla. Se llevará sorpresas. Aunque los ángeles no necesariamente tienen género, usted sentirá una energía masculina o femenina y se referirá al ángel como "él" o "ella". El nombre que se le comunique será propiamente femenino o masculino, aunque también podría ser colectivo.

El principal grupo de Bárbara se llama Río Radiante.

Los ángeles de este grupo se denominaron así a causa de su claridad, pureza y fluidez como de agua. El esposo de Trudy cuenta con la Legión de Miguel. Trudy recibe a Pablo y los Demás. También hemos sabido de nombres como los Anfitriones Celestiales, el Coro de los Ángeles, los Seres del Universo y los Íntegros. Su identidad es múltiple, y sus nombres, parte de la diversión de comunicarse con ellos.

Cuando adquiera mayor seguridad en los mensajes, ya no necesitará identificar al ángel con el que habla. Creerá en la veracidad, amor y pureza del mensaje sin importar su procedencia. Quizá a ello se debe que los ángeles tiendan a usar nombres colectivos que los representen.

Redacción en computadora

Algunas personas se sirven de su computadora o procesador de palabras en la recepción de mensajes. Cuando comenzamos a escribirles a nuestros ángeles con mayor frecuencia recibimos tanta información que nos era imposible registrarla a mano. Fueron ellos quienes nos sugirieron usar la computadora para recoger los mensajes más rápidamente. Aún si su manejo del teclado es deficiente, le sorprenderá la velocidad a la que es posible consignar los mensajes de los ángeles. ¡Tienen tanto que enseñarnos!

Cuando Bárbara comenzó a utilizar su computadora,

Trudy le comentó: "No sabía que escribieras tan rápido." "Yo tampoco", replicó Bárbara.

Finalmente, no olvide que no es usted la primera persona en entrar en contacto con un ángel. ¡Muchas otras lo han hecho desde hace siglos!

Tu mundo está pasando por una auténtica evolución o revolución espiritual. Debes saber que estás vivo y en búsqueda.

Conoces tu sendero.

Te amamos y estamos aquí para ayudarte.

¡Todo lo que tienes que hacer es pedir!

Mensajes comunes de los ángeles

Los primeros mensajes suelen ser muy simples. El paso de una dimensión a otra es similar al ajuste del televisor. Resulta sencillo, y en cuanto usted logra "sintonizarse", la recepción se disfruta inmensamente. He aquí algunos ejemplos de primeros mensajes.

A ROSIE
Recibirás el mensaje, amada nuestra. Tranquilízate. No lo fuerces. La quietud es importante. Ha llegado el momento. Escucharás.

A KEN
No seas tan impaciente, muchacho. Da reposo a tu mente para que puedas escucharnos. Tu labor consiste en escuchar, no en hablar.

A Janice

Henos aquí, querida. Queremos que sepas que siempre estamos a tu lado. Te amamos. No temas. Te aceptamos.

A Lila

Aquí estoy. Te amo. No temas. Yo te guiaré. Suéltate. Aprende.
Soy el Bendito. Sí, estoy aquí.

A veces los primeros mensajes son simples series de palabras, que con la práctica se multiplican hasta formar oraciones completas.

A Maureen (que tenía poco tiempo de haber dejado de fumar)

Cuidado
Limpieza
Aire

Éste es el mensaje más breve del que hasta ahora tengamos conocimiento: *¿¿¿¿¿?*
¡La persona que lo recibió nos aseguró que entendía su significado!
En ocasiones los primeros mensajes son más largos.

A Patricia

Te amamos; hagas lo que hagas, seguiremos amándote. Escucha, escucha, escucha. Mantén la calma y escucha. No seas tan dura contigo misma. Ámate como amas a los demás. ¡Espera!

A STEPHANIE

Ama a Frank. Ama a Rebecca y Alex. Ámate a ti misma. Viaje seguro. Buenos negocios. Ánimo. ¡La curación ha llegado!

A JOAN

Estás aquí hoy para experimentar y crecer en aceptación y amor. Tienes que dar un paso adelante. Un salto trae consigo otro; pide ayuda. ¡Es muy fácil! Hoy es un nuevo comienzo. Las cosas cambiarán para cada uno de ustedes. La persona que saldrá de aquí no será la misma que la que llegó. Ya eres diferente.

A ARLENE

Estás aquí esta noche, pequeña, para compartir con los demás, escuchar, crecer, aprender. Tu camino es el correcto. Mantén la mente abierta. Pide y recibirás. Esto es apenas el principio. La palabra llegará a todas partes. Se te ama. Ten fe.

A BEN

Nos da mucho gusto que hayas emprendido esta marcha espiritual y que te concentres en tu labor. Esta tarea cambiará tu vida y te dará amor y grandes satisfacciones, pues guiarás y sanarás a los demás. Tu papel consiste en ser ejemplo o modelo a través de tus experiencias. Nos hace muy felices saber que te comunicarás con nosotros con mayor regularidad.

Otros mensajes ocuparían páginas enteras. ¡Es como si los ángeles hubieran conquistado al fin la atención de alguien y no quisieran detenerse! Sin embargo, es usted quien está a cargo de la transcripción, de modo que, si lo desea, puede hacer una pausa. ¡Los ángeles volverán más tarde y reanudarán el mensaje donde lo dejaron!

No obstante, en todos y cada uno de los miles de primeros mensajes que nuestros alumnos han recibido está presente una idea o elemento: *amor, apoyo y gratitud por el contacto inicial.*

De acuerdo con nuestra experiencia, antes de que recibamos respuesta a preguntas detalladas o estímulos específicos respecto de nuestra misión en la vida, los ángeles establecen una relación amorosa con nosotros. Para ellos no hay nada más importante que amar, apoyar y ayudar. Están más cerca de nosotros que nuestras propias ideas. No siguen reloj ni calendario, jamás se cansan ni hastían y siempre se regocijan de que recurramos a ellos. La fuente de sus mensajes es siempre la misma: Dios. Son sus mensajeros, y fueron creados para ayudarnos y guiarnos en nuestra vida física.

Lo sepas o no, trabajamos a tu lado.

¿Cómo sabrás que somos nosotros?

Cuando descubras que tus posibilidades son ilimitadas.

capítulo 5

Cómo se reciben los mensajes

--- ❧ ---

Somos energía positiva.
Somos luz.

Quizá sus primeros mensajes o textos angélicos estén compuestos por pocas palabras. ¡Tal vez piense que no recibió nada! Hemos notado el desazón de nuestros alumnos cuando la pluma de sus compañeros no cesa de chirriar mientras que la propia permanece inmóvil.

Todos *establecemos contactí* con los ángeles, pero no todos *aceptamos* que somos capaces de hacerlo. Le será, por eso, de gran utilidad saber cómo se reciben los mensajes.

Éstos son los tres medios de recepción de mensajes angélicos:

CLARIVIDENCIA

Capacidad de percibir cosas invisibles para el ojo en condiciones normales. Segunda vista.

CLARIAUDIENCIA

Capacidad de escuchar sonidos indiscernibles para el oído humano.

PERCEPCIÓN EXTRASENSORIAL

Conciencia de la capacidad de aprehender más allá de los cinco sentidos humanos. Sexto sentido. Saber que se sabe.

Clarividencia es ver lo que no está. Supongamos que la palabra que se le envía es "campana". Usted ve en su mente una campana y sabe que va a escribir esa palabra. El tipo de campana de que se trate —un cascabel, la campana de un reloj o de una escuela— es significativo. La campana que usted vea se relaciona directamente con el mensaje.

Clariaudiencia es oír lo que no suena. Escuchará las palabras que se le transmitan como si le fueran dictadas. Este medio de recepción es común en las primeras experiencias.

Sin embargo, la clariaudiencia también tiene que ver con otra clase de sonidos. Usted no verá la campana, pero escuchará el tintineo que produce. De nueva cuenta, el mensaje determina el tipo de campana implicado. ¿Oye sonar un teléfono? ¿El timbre de una bicicleta? ¿Una campana nupcial? De cualquier forma, sabrá que lo que debe escribir es la palabra "campana".

Percepción extrasensorial es "saber que sabe" sin tener idea de cómo es que sabe. Supone el uso conjunto de todos los sentidos, y es por tanto el mayor de los dones. Si usted lo posee, sus inicios irán más allá de la simple percepción de sonidos o de hermosas palabras murmuradas a su oído. Sabrá qué escribir. Incluso si también es clarividente y clariaudiente, su capacidad de percepción extrasensorial predominará sobre las demás e implicará el recurso a los otros sentidos (gusto, tacto y olfato).

Si al recibir un mensaje experimenta una sensación particular, es probable que su recepción esté ocurriendo por vía perceptiva extrasensorial. Si la sensación es positiva, ¡disfrútela! Si es dolorosa o desagradable, pídale a los ángeles que le ayuden a librarse de ella o a explicarla. Supongamos que le duele la cabeza. Diga entonces: "Ángeles, si este dolor de cabeza no surge naturalmente de mí, ¡quítenmelo en este instante, por favor!" Las personas dotadas de percepción extrasensorial son muy empáticas y tienden a atraer la energía que flota en el ambiente para controlarla mejor o filtrar lo que corresponde al mensaje y lo que no. Puede ser que el dolor de cabeza que siente sea el de la persona que está a su lado.

La percepción extrasensorial es el don por excelencia y millones de personas lo poseen. Nos manifestamos permanentemente por esa vía.

Conozca sus principales dones. Haga una distinción precisa entre ellos. Crea siempre en ellos. Si al entrar a una habitación percibe una sensación negativa, quizá ésta no proceda de usted, sino del grupo ahí reunido. Retírese. Nada lo obliga a permanecer en la negatividad. La vida está compuesta de luz y sombras. Opte por la luz y por personas de luz con las cuales relacionarse y difunda esta luz dondequiera que vaya.

Si piensa que no recibe nada, quizá, está haciendo innecesariamente difícil el proceso de recepción de mensajes angélicos. Revise en este caso aspectos como los siguientes.

Duda

Deje de tachar algunas de las cosas que los ángeles le dicen. Apenas ha recibido el mensaje, comienza a analizarlo y cuestionarlo y a disuadirse de que se trate de una comunicación angélica verdadera. La duda corroe lo que se le envía. También podemos ver que corrige el texto para que responda a sus opiniones y al concepto que tiene de sí mismo. En uno de nuestros cursos, los ángeles le hicieron saber a una alumna sus cualidades personales. Ella escuchó y registró todo lo que se le dijo, pero después le agregó al texto sus opiniones. Donde los ángeles le dijeron:

Eres muy paciente...
añadió: "excepto si estás cansada".
Eres amable... "con casi todos".
Eres inteligente... "cuando te lo propones".
Los ángeles no dan y quitan. Dan con amor y honestidad.

Lo ven a usted como realmente es, no como cree ser. Ven en usted a una persona perfectamente creada. Usted se considera imperfecto. Ven en usted un potencial enorme. Usted se siente limitado. Donde usted sólo ve oscuridad y desesperanza ellos perciben luz y amor. Su estado actual es de absoluta perfección. De avance. Se halla en una situación de desarrollo y mejoramiento permanentes. Así ocurre también con el resto del universo.

Recepción deficiente

Los ángeles se manifiestan a través de la energía de usted. Si no puede oírlos, respire. Es probable que lo que suceda sea que hablan en voz muy baja como para que usted los escuche. Pídales que hablen más fuerte, por turnos o más despacio. Ésta es una comunicación en dos sentidos y en ocasiones será necesario plantear abiertamente el asunto de la recepción para hacer los debidos ajustes. Si aun así no consigue escucharlos, pida hablar con otro ángel. Es usted quien está a cargo de la comunicación.

Una alumna nuestra, Keri, que asistía con frecuencia a nuestras clases, no lograba escuchar bien. Finalmente nos preguntó si es que acaso estaba cometiendo un error. Le aseguramos que no era así y decidimos hablar con su ángel para investigar cuál era el motivo de la imposibilidad del contacto. ¡Pero tampoco nosotras pudimos oírlo! Apenas si percibíamos una de cada tres palabras, más o menos. Decepcionadas, dijimos: "¡Necesitamos a alguien que hable más fuerte, ángeles! ¡Envíenos a un ángel de voz potente!" Se hizo presente entonces un ángel de voz estruendosa, con un maravilloso, claro, emocionante y consolador mensaje.

¿Cuál había sido el problema? Ninguno. El ángel con el que Keri había establecido contacto originalmente, y que respondía al nombre de Amelia, era muy pequeño. Era delicado, femenino y de voz apagada, como correspondía a su diminuta naturaleza. Cuando nos enteramos de cuál era su misión, entendimos el motivo de que su voz fuera casi imperceptible: la principal tarea de Amelia en el universo es murmurar al oído de los bebés el gran amor que Dios siente por ellos.

Demasiadas expectativas

Los puntos de referencia de los ángeles son diferentes de los nuestros. Nunca le haga preguntas acerca de los demás; jamás accederían a participar en "chismes psíquicos". Si recibe un mensaje referido a otra persona, tenga la seguridad de que le fue enviado por el ángel de ésta.

Información equivocada

Si cree que la información que recibe de los ángeles es incorrecta, piense en que los seres del más allá son almas amorosas que lo ignoran todo acerca de la computación y la política. Si desea saber más sobre un tema en particular, pida comunicación con el ángel poseedor de tales conocimientos. Pero no le transmitirán información esotérica avanzada si carecen de ella.

Asimismo, si usted no habla francés no se comunicarán por medio de vibraciones en francés.

A los ángeles de los ingenieros les interesa la ingeniería, y han ayudado a éstos a convertirse en lo que son. Lo mismo ocurre con los doctores, los chefs, los maestros y los artistas. Tendemos a relacionarnos con personas con las que compartimos intereses similares. Mary suele consolar a madres atribuladas, pues conoce muy bien todo lo relativo a la maternidad. Usted recibirá enseñanzas de maestros, santos y gurús con los que ya haya establecido una relación cercana.

Los ángeles le darán lo mejor de sí mismos. Pero el tiempo carece de significado para ellos y ciertos hechos no les parecerán tan importantes como a usted. Su visión es más amplia. Son grandes maestros.

Pero ya sea que hable con ellos o no, su paz está siempre con usted, lo ha estado desde siempre y lo estará para toda la vida. Así será por siempre.

¡Sea positivo! La mejor manera de garantizar mensajes amorosos claros es decidirse por una experiencia positiva. Piense en que recibirá bondad. Piense en seres de luz. Piense en magníficas presencias angélicas. Piense en el amor. Si usted es una persona temerosa y negativa convencida de que siempre ocurrirá lo peor, busque consuelo en la oración. Diríjase a sus ángeles así: "Enséñenme a suplir el temor por amor y mis expectativas negativas por una actitud positiva."

No puedes defenderte de

creer en nosotros.

No puedes defenderte de lo

indefendible.

Deja de preguntarte cómo.

Nosotros somos el cómo.

Cómo saber que se trata del mensaje de un ángel

La duda y la incertidumbre de saber si son auténticos los mensajes que recibes te hará sufrir. Pero pasará pronto; en poco tiempo sabrás si los mensajes que has escrito te han sido enviados por un ángel. Más adelante, tu experiencia te permitirá discernir las diferencias entre nosotros y tú.

Al principio tendrá dudas y muchas preguntas sobre quién de veras escribe el mensaje. Los siguientes aspectos le ayudarán a determinar si un mensaje procede de usted o de los ángeles.

Le parece imposible que haya sido usted quien escribió esas palabras. "¿Acaso pude haber sido yo?", se preguntará. "¿Se parece a lo que yo hago?" ¡Negará haberlo escrito! "Yo no escribo así. Nunca uso estas palabras." Quizá esta sensación permanezca en usted mucho tiempo. Incluso en este momento en que este libro está siendo escrito, impera la sensación de que no se tiene control sobre él.

Los estilos de escribir de los ángeles

Ni el español ni ningún otro idioma es la primera lengua de los ángeles. La comunicación con ellos es difícil porque para expresarse recurren a ideas y vibraciones, las cuales son más claras, precisas y rápidas que cualquier otro lenguaje.

Los ángeles también envían ideas distintas a un mismo tiempo y ocasionalmente el mensaje parece confuso. Aun cuando éste sea el caso, es maravilloso lo bien que se puede comprender. ¡Lo mejor que puede hacer es escribir lo que le dicen y gozar la experiencia!

Una de sus prácticas preferidas es ampliar el concepto de lo que quieren decir añadiendo sufijos como "-miento" o "-dad" a palabras que habitualmente no los utilizan. Les gustan, por ejemplo, palabras como "maravillamiento" o "amorosidad". Si las palabras que inventan redundan en una mejor comprensión, los resultados de una buena recepción les complacen enormemente.

Una vez un ángel le dijo a Bárbara: "Hoy estás llena de noeidad." Y, en efecto, ese día ella estaba en una actitud muy negativa.

Combinación de palabras

Los "verá/escuchará" a menudo. Cuando un concepto puede ser expresado por más de una palabra, los ángeles recurren a ellos para enriquecer su significado. Con esto ahorran tiempo y el lenguaje "mejora/se afina".

También suelen recurrir al uso de tres palabras para ampliar el sentido de una idea. Contestarán a una pregunta "Sí, sí, sí" cuando deseen ser enfáticos. No se asombre, entonces, de recibir en ocasiones tres respuestas.

Los ángeles suelen hablar todos a la vez

En ocasiones tendrá la sensación de que varios ángeles le hablan al mismo tiempo. Pídales que lo hagan más despacio y por turnos. Notará de inmediato que es más de uno quien le está hablando porque parecería que estuvieran en una fiesta. ¡Lo están!

Los ángeles tienen una manera de sentir diferente

Los ángeles no son usted. No *sienten* como usted. Acceden a partes de su cerebro diferentes a aquellas a las que accede usted. Hacen que su corazón lata más aceleradamente cuando están a su lado. A veces sentirá sobresalto o tensión, y sabrá que están ahí. Identificará su energía como masculina, femenina o neutra. Distinguirá incluso su apariencia y si son grandes, pequeños, corpulentos, ligeros o infantiles. Le dará la impresión de que corresponden a cierta nacionalidad, grado de inteligencia e intereses. Son como sus amigos o familiares. Pero son diferentes de usted mismo.

Los ángeles no dan consejos

Si se lo pide, lo guiarán. El consejo supone, en cambio, una renuncia al libre albedrío, en el que jamás intervendrían. Dios mismo santificó el don del libre albedrío, que por lo tanto nunca debe ser tocado. El hecho de que usted pida consejo o ayuda implica una invitación de su parte, de modo que le pueden ser concedidos como un apoyo amoroso. Es muy raro recibir un consejo no solicitado a menos que se trate de una enseñanza más profunda.

Pueden recomendarle qué vitaminas comprar. Le harán notar las cualidades de sus hijos y le sugerirán actividades de apoyo y maneras de ayudarlos si desea saber cómo educarlos. Le indicarán seguir su conocimiento interior y le ayudarán a definir y comprender sus motivos si no sabe si debiera renunciar a su empleo o divorciarse. Así, la decisión de renunciar a su trabajo se convertirá en parte de su decisión de seguir adelante en su camino y cumplir con su misión. En todos estos asuntos están implicados su capacidad de decisión y su libre albedrío. Los ángeles son sistemas de apoyo del orden superior, pero no pueden decirle qué hacer o cómo vivir.

Sus mensajes le serán con frecuencia muy útiles para aclarar su sendero. En una ocasión una mujer les preguntó: "¿Por qué no puede decirme que me ama?" "Porque no te ama", fue la respuesta. En ese instante se percató de que su relación ya había llegado a su punto más alto y que no podía ir más lejos. Optó por terminarla. No fueron los ángeles quienes le dijeron que debía divorciarse. Si les hubiera preguntado si debía terminar con su matrimonio, seguramente le habrían contestado: "Eso debes decidirlo tú."

Los ángeles recomiendan paciencia... ¡muy a menudo!

¡Quisiéramos que todo sucediera AHORA MISMO! Pero la vida es un proceso sensible, por más que en ocasiones nos parezca lo contrario.

Si le parece que el consejo o la dirección que recibe son más decididos que los que suelen darle los ángeles, no son ellos sino su ser superior el que obra en usted. Él también lo hace en su beneficio, pero es más exigente de lo que podría serlo un ángel. Está al tanto de todas las lecciones que ha recibido en su vida, e íntimamente familiarizado con su camino. Cuando usted se desvía, se siente infeliz; ésta es comúnmente la señal de que está actuando en contra de su ser superior. Los ángeles no pueden "hacerlo" desdichado, porque son sólo amor.

Vamos a divertirnos. Toma una caja de colores, gises o tizas o marcadores y una hoja de papel de tamaño grande. Siéntate y reposa un momento. Tal vez escuches la música de la que no necesitas para hablar con nosotros. Después, pídenos ayuda y haz un retrato de tu ser superior. Este interesante proyecto te hará aprender más sobre ti. También haz un retrato de nosotros. Y de lo que ves dentro de ti. Y de lo que piensas que es el amor.

¿Podrían dejar de
preocuparse
de la situación política,
los temblores, el dinero,
el trabajo y las relaciones?
Se les enseñó que no hay
obstáculo que no pueda ser
vencido.
Es verdad:
¡No hay obstáculos!

capítulo 7

Las preguntas de la gente y las respuestas de los ángeles

Lo que mejor hacen los ángeles es contestar preguntas. ¡Les encanta enseñar! Le presentamos a continuación algunas de las preguntas más frecuentemente formuladas en nuestros cursos.

Pregunta: ¿Cuántos ángeles tengo?

Respuesta: *Existe un coro celestial que rodea la Tierra y colabora a que la humanidad evolucione. Esta legión musical, festiva y amorosa de ángeles, es apenas una pequeña muestra de la intensidad de la ayuda disponible en cualquier momento. ¡Los ángeles abundan! No son uno o dos, sino millones, billones y cuadrillones. Multiplicado por doce. Los seres humanos nos limitamos. Tú preguntas: "¿Tengo un ángel?" Pareciera como si pensaras que no mereces ni siquiera uno. Nosotros decimos que no se trata de cuántos sino de hasta dónde llegan. Y la profundidad está más allá del infinito. Una infinidad de ángeles te rodea mientras desarrollas tu trabajo. Estamos desde donde te encuentras hasta donde está Dios dispuestos a ayudarte. Es en tu mente donde te sientes solo y lejos de nosotros.*

Un ángel en especial, o un billón de ángeles, ¿qué más da? Estamos para darte nuestro apoyo con amor. Tu trabajo es nuestro juego. A través de ti, transmitimos la energía, las ideas, la inspiración, el amor y la felicidad de Dios a otros.

Los ángeles sólo muestran una personalidad para que tú te percates de una característica específica de ayuda. Por ejemplo, cuando te encuentras con un ángel maestro o un ángel guerrero, acudimos ante ti representando lo mejor que hacemos. Asumimos la apariencia que más te convenga. Añadimos un nombre (como ángeles) para que puedas reconocernos. No necesitamos que nos reconozcas, pero a los seres humanos les gusta personalizar, así que lo hacemos para que comprendas mejor. Más tarde, cuando aprendas a conocernos y a confiar en nosotros, no habrá necesidad de manternernos separados uno del otro. Nos integraremos a tu inteligencia como una "idad" cuando el aceptarnos y entender lo que hacemos se transforme en un conocimiento interior.

Los sabios, los guías y los maestros son individuos. Por tanto, llegan a ti como energías separadas porque son almas y no hay dos almas iguales. Sin ego, son instrumentos de ayuda perfectos, ya que su única necesidad es ayudarte cuando requieres su esencia o experiencia particular. No confundas a los ángeles con los sabios o tus seres queridos que han partido.

Pregunta: ¿Cualquier persona puede escribirle a sus ángeles?

Respuesta: *No se trata de que pueda, sino de que quiera. La energía que rodea a la Tierra está abierta a la presencia divina, y los ángeles hacemos nuestro mejor esfuerzo por comunicarnos con ustedes, transmitirles enseñanzas y ayudarlos en este periodo de búsqueda espiritual. Muchas personas han sido despertadas como lo fueron Bárbara y Trudy y como lo han sido ustedes.*

Pregunta: ¿Qué motivo podríamos tener para escribirle a los ángeles?

Respuesta: *Nunca dejamos de infundirles amor, lo que nos permite acrecentar nuestro poder. Pero cuando ustedes nos escriben, de inmediato ponemos en ello toda nuestra atención. Son ustedes y todas las facetas de ustedes, más <u>nosotros</u>. La diferencia es la misma que entre el aire y el viento. Nuestra fuerza se une a la de ustedes, y ustedes son los beneficiados. Así, a su bien se suma el <u>poder</u>. Es importante que lo sepan y que crean en ello. Tan importante, que siempre que piden nuestra presencia acudimos a ustedes.*

Escribirles a sus ángeles significa que no están dis-

puestos a esperar pasivamente que se les guíe. Pueden tomar la iniciativa y pedir ayuda, conocimiento y amor en forma activa. Al escribirla, la respuesta que reciben se convierte en un registro permanente que pueden leer y releer cuanto quieran.

Pregunta: Ahora que conocemos a los ángeles, ¿a quién debemos dirigir nuestras oraciones?

Respuesta: *A Dios. Siempre a Dios. A su creencia superior. A su poder superior. También nosotros. dirigimos a Dios nuestras oraciones. Dios es la fuente de todo y no puede ser tomado por menos. Imaginen un centro en el universo. Un centro alrededor del cual gira todo lo demás y del que todo emana. Eso es Dios. Todo.*

Pregunta: ¿Los seres humanos podemos ser ángeles?

Respuesta: *Las personas que ya han hecho su transición pueden convertirse en ángeles, con "a" minúscula, como dijeron Bárbara y Trudy. Pueden ser amorosos auxiliares de los ángeles desde el más allá. Pero los seres angélicos divinos, mensajeros de Dios, no encarnan en la Tierra. Su labor consiste en ayudar y apoyar a la humanidad y en ser intermediarios del amor, ayuda y enseñanzas de Dios.*

Pregunta: ¿Cuál es la diferencia entre mi guía espiritual y mi ángel de la guarda?

Respuesta: *Son totalmente diferentes. Tan diferentes como lo es un humano de un ángel. Los guías espirituales han vivido en la Tierra y asumido la responsabilidad de ayudarlos a ustedes a cumplir su misión en la vida. Son auxiliares amorosos. Los ángeles de la guarda nunca han sido humanos; son intermediarios entre Dios y la humanidad, en este caso Tú.*

Pregunta: ¿También los animales tienen ángeles?

Respuesta: *Todos los seres creados por Dios tienen ángeles. A veces los ángeles nos manifestamos a través de una mascota en particular—un gato, perro, ave, caballo, pez, etc.—para transmitir amor. El amor dispone en verdad de vías inimaginables.*

Pregunta: Sospecho que mi abuela está actuando como mi ángel de la guarda. Siento su presencia.

Respuesta: *Tu abuela está a tu lado porque te ama y tiene una relación muy estrecha contigo. Desea ayudarte. Sin embargo, en estricto sentido no puede ser tu ángel de la guarda, sino lo que se conoce como guía espiritual.*

Pregunta: ¿Mi ángel de la guarda ve todo lo que hago?

Respuesta: *Sí, pero no te preocupes. Su misión principal es amarte incondicionalmente. Aunque algunas de tus acciones en la Tierra te avergüencen, para tu ángel de la guarda eres únicamente un ser que busca la verdad. Esta búsqueda nos lleva por muchos caminos. Pero jamás podrás vivir en la luz si no has penetrado en la oscuridad. La vida consiste en elegir. La sabiduría procede de la capacidad de elegir, y la capacidad de elegir conduce a la sabiduría. Todas las almas sobre la Tierra y todas aquellas que han pasado por ahí en diferentes épocas han aprendido y aprenden de sus malas decisiones. Lo que hayas hecho no puede ser peor que lo que han hecho los demás. Nada puede hacerte menos amable a los ojos de Dios o de tu ángel de la guarda. Te aman incondicionalmente, lo que quiere decir que te aman pase lo que pase.*

Pregunta: ¿Y si me siento a escribir y no sucede nada?

Respuesta: *Siempre uno de nosotros está a tu lado. Esto mismo les preocupó al principio a Bárbara y Trudy, ¡pero nunca les ha ocurrido! Si llegara a pasarte, duerme una siesta. Tal vez lo que ocurre es que estás cansado, y por lo tanto indispuesto para la recepción. Una vez que hayas reposado, respira profundamente tres veces y vuelve a empezar. Llegamos a ti a través de la respiración, ¡así que no se te olvide respirar!*

Pregunta: ¿Y si los ángeles me dijeran algo malo?

Respuesta: ¿Como qué? ¿Que te juzgas a ti mismo con dureza? ¿Que no te amas? No seríamos capaces ni de amonestarte, pequeño. Lo único que podemos hacer es ayudarte a encontrar tu verdad. Si accedes a que te amemos, no se te ocurrirá pensar que podríamos decirte algo malo. Y si recibes un mensaje que no sea de amor, no es nuestro.

Pregunta: ¿Qué puedo hacer si me cargo de energía negativa?

Respuesta: Ora y busca únicamente energía positiva. De hacerlo así, es muy poco probable que puedas atraer energía negativa. Pero si llegara a ocurrirte, exígele que Se Vaya. ¡Dile que salga a la luz! Deja de escribir en ese momento, ora e invoca la presencia de tus ángeles superiores ¡para que te acompañen en ese mismo Instante!

Pregunta: ¿Cómo puedo saber si lo que escribo procede de los ángeles y no de mi interior?

Respuesta: El divagar de tu mente jamás podrá ser tan directo como nuestros mensajes. Nuestros mensajes esconden preguntas, Tus preguntas. Cuando somos nosotros los que actuamos, no estás seguro de haber sido tú quien escribió el mensaje recibido. Cuando las que intervienen son tus divagaciones mentales, jamás te preguntarás cuál es el origen del texto. Si dudas, quizá se trate de nosotros.

Pregunta: ¿Cuál es la diferencia entre mi ser superior y mis ángeles?

Respuesta: *Tu ser superior es el conjunto de todo lo que eres, has sido y serás. Reside en tu interior. Los ángeles, en cambio, estamos fuera de ti. Te ayudamos. Tu ser superior eres Tú. Lo encuentras en la meditación, no en la escritura. Sin embargo, ambos medios te conducen a la sabiduría.*

Pregunta: ¿Mi ángel puede decirme qué número de la lotería es el ganador?

Respuesta: *Probablemente no. El propósito de la presencia angélica es dar amor, apoyo y enseñanza. Si los números de la lotería llegaran a obrar en tu beneficio o a formar parte de tu senda en la vida, ganarás la lotería con cualquier número, pues estaba escrito que ganarías. La suerte tiene menos que ver con los juegos de azar que con las lecciones que debes aprender. Las personas que desean saber este tipo de cosas harían mejor en consultar a un adivino. La verdad es que a los ángeles no nos interesa mayormente la lotería. Nuestra labor se dirige más bien al alma.*

Pregunta: Mi ángel me dijo que ocurriría algo que no sucedió. ¿Me mintió?

Respuesta: *Tanto en el ámbito de la vida como en el más allá existen seres dotados de una amplia visión de la totalidad. Sin embargo, los ángeles no podemos interferir en el libre albedrío. Supongamos que se te dijo que harías un viaje y no fue así. Tal vez ese viaje no habría sido positivo para tí en ese momento. Imagina al mundo actual como un gran rompecabezas del cual cada quien tiene una pieza. Para poder armar el rompecabezas, es necesario que cada persona coloque su pieza en el lugar y momento adecuados. Si una persona antes que tú decide no hacerlo, cosa que puede hacer en virtud del libre albedrío, tendrás que esperar a cumplir tu turno más tarde. No olvides nunca que el universo se halla en un estado de perfeccionamiento permanente. Si algo no es en tu beneficio, quizá no ocurra jamás. De nosotros siempre recibirás la mejor información de que disponemos en un momento dado. Nos gustaría que en situaciones como ésta nos dijeras: "¡Ilumínenme!"*

Pregunta: Mi ángel nunca me dice cosas interesantes. No recibo buenos mensajes.

Respuesta: *Pide entonces que se te asigne otro maestro, pequeño. No todos podemos responder tus preguntas. Legiones enteras de ángeles no hacen otra cosa que amarte. Cuando esa es nuestra misión, hablamos poco. Asimismo, al principio puede ser que tus mensajes te parezcan simples; estás aprendiendo apenas a afinar tus receptores. Pero una vez que adquieras práctica, el carácter de los mensajes será más "didáctico". Se trata de un proceso de aprendizaje. Entre más hables con nosotros, recibirás mejores y más extensos mensajes. Los primeros mensajes que recibieron Bárbara y Trudy eran muy simples y breves.*

Pregunta: Las respuestas de mi ángel son muy cortas.

Respuesta: *Hazle preguntas más largas. Si haces preguntas que pueden contestarse brevemente, con un sí o un no, por ejemplo, tu ángel te responderá así. Claro que algunas preguntas son tan largas que más parecen diario. Quizá una de las partes más importantes de la comunicación con nosotros sea la de oírse a uno mismo formulando las preguntas. Está muy bien hacer preguntas; da claridad. Pero si también concibes nuestra comunicación como un diálogo, te verás a ti mismo hablando, después hablaremos nosotros, luego lo harás tú de nuevo, intervendremos otra vez nosotros, quizá con un parlamento más largo... así como se está escribiendo este capítulo. Haz una pregunta. Permite que te la contesten. ¡Muchos de ustedes nos callan antes siquiera de que podamos responder!*

Pregunta: ¿Por qué las respuestas que reciben los demás son mejores que las que yo recibo?

Respuesta: *No es así. Si preguntas esto es porque necesitas confirmación de que tus mensajes son reales. Quizá otras personas que le escriben a los ángeles piensan que las respuestas que tú recibes son mejores que las suyas. Pero si sigues creyendo estar en ese caso, invoca la presencia de un ángel maestro. ¡Les encanta hablar!*

Pregunta: ¿Cómo es mi ángel?

Respuesta: *Cada ángel tiene una apariencia distinta; te la mostrará en el momento indicado. Además, tienes muchos ángeles. Algunos son como pequeñas lucecillas; otros son seres enormes y tan bellos que ni siquiera puedes imaginártelos. Los conocerás cuando llegue el momento.*

Pregunta: Mi ángel me escribe en verso, como poemas. ¿Es posible?

Respuesta: *Sí. A veces también escribimos canciones. Nos encanta manifestarnos a través de diferentes formas de expresión. Te damos lo que necesitas, y si te gustan las rimas, no es raro que nos manifestemos contigo de ese modo. De nosotros puede esperarse cualquier cosa.*

Bárbara tiene un ángel tartamudo. Cuando le habla, ¡qué caos en el teclado! Otro ángel siempre saluda diciendo: "Hola." Es así como se identifica. Somos tan diversos como ustedes.

No olvides, tampoco, las enormes diferencias en el estilo de hablar de cada quien. ¿No sería maravilloso que nos oyeras hablar con un acento peculiar de una región? Una niña de 14 años recibió en una clase un mensaje de su abuelo, un viejo muy ingenioso. El vocabulario era especialmente picante, pero eso fue justo lo que convenció a la nieta de la autenticidad del mensaje, porque identificó a su abuelo en esos improperios.

Pregunta: Todos mis ángeles me dicen que me aman. No me gusta.

Respuesta: *Entendemos que te desagrade, pero ten paciencia, pequeño: llegará el día en que lo comprenderás. No falta mucho.*

Pregunta: Algunas personas dicen que los ángeles son parte de la "nueva era". ¿Es cierto?

Respuesta: *¿Qué es eso de "nueva era"? Cuando fueron escritos, el acceso a los libros de la Biblia estaba prohibido. "Nueva era" es un término para designar a información sin precedentes. Pero los ángeles son más viejos de lo que te imaginas. Tampoco el amor es nuevo; sigue siendo como siempre. Dios los ama a ustedes, ustedes se aman unos a otros. El amor trasciende todas las épocas. Los ángeles son amor.*

Pregunta: Háblenme de la muerte.

Respuesta: *¿Qué entiendes por muerte? Muerte es, pequeño, un corazón desesperado. Muerte es un vacío en el alma. Muerte es soledad espiritual. La muerte en sí misma no existe. Sólo existe la oscuridad más allá de la luz. Si una persona se acerca a ti llorando y gimiendo y te pregunta: "¿Qué voy a hacer? ¿Cómo entender esto?", respóndele que cada quien tiene su camino trazado, y es el correcto. Sé fiel a tu misión y a tu camino, y manténte siempre bajo la pureza de la luz. En la luz no hay muerte, sólo un eterno y creciente conocimiento de Dios.*

Pregunta: Creo que el único ser con el que uno puede comunicarse es con Dios. ¿Pueden explicar mis reservas y ayudarme a comprender?

Respuesta: *A Dios le complace tu renuencia a rendir homenaje a falsos mensajeros. Pero nosotros estamos tan cerca de ti como tu carne de tu piel, y lo hemos estado desde antes que nacieras. Somos el cordón umbilical que conduce los mensajes que el Padre te envía. Los mensajes no son nuestros. Proceden directamente del Padre. Recibes el amor, la guía y el aliento a través de nosotros porque aún eres incapaz de insertarte en la frecuencia del Padre. Debes aprender a ser paciente y a disciplinar tus sentidos para convencerte de que lo que recibes proviene del Padre, y de nadie más. Si le pides a un niño que te escuche porque tienes que hacerle una advertencia para protegerlo y el niño se niega a escucharte, ¿eres culpable de que se haga daño? Su daño es producto de su libre albedrío. Tú también eres libre de escuchar o no los mensajes que el Padre te envía por intermedio nuestro. El tiempo y la disciplina nos permitirán hallarnos en la misma frecuencia del Padre.*

Nadie puede renunciar a
su misión.
De un modo u otro, la
cumplirá.
Basta con que digas "sí"
para que la lleves
a cabo.

capítulo 8

Experiencias reales con los ángeles

Escribirle a los ángeles puede cambiar su vida. Lo hemos comprobado innumerables veces. Sería absurdo comunicarse con ellos si no hubiera un motivo práctico para hacerlo. He aquí algunas historias en las que se demuestra la ayuda que los ángeles han prestado a ciertas personas. Los ángeles son benéficos y pueden ayudarle a enfrentar literalmente cualquier circunstancia.

La historia de Chrissie

En 1985 se me manifestaron los primeros síntomas de cáncer. Tenía 32 años y hasta entonces me había considerado una persona sana y activa; jamás pensé que tal cosa pudiera ocurrirme. Aquello me trastornó profundamente y me hizo sentirme completamente sola; temí morir. Ni siquiera era capaz de hablar de lo que me pasaba.

Ahora, nueve años después, enfrento la reaparición del mismo tipo de cáncer, pero mis sentimientos actuales son totalmente diferentes a los de entonces, porque les escribo a mis ángeles.

En ese lapso, pasé por una crisis de fe. Sufría, y no hallaba consuelo en Dios. Parecía estar muy lejos de mí. Entonces llegaron los ángeles.

A veces pensaba que era en vano desear que Dios me escuchara. ¡Está tan ocupado! Los ángeles me resultaron mucho más accesibles. Siento su presencia y sé que me escuchan. Creo en que le hacen llegar a Dios mis oraciones. Considero que este sistema es más confiable y personal. Cuando les pedía cosas tan insignificantes como encontrar un lugar para estacionarme, me las concedían. Ahora les pido que me ayuden con mi cáncer, y lo hacen. Son un ejército, y me protegen con sus cuidados. No permitirían que se me hiciera daño.

Los ángeles han ampliado enormemente mi vida y vienen a mí de muchas maneras. Los veo en las enfermeras. Los veo en mi habitación. Se me presentan además en cosas tan concretas como tarjetas, prendedores, estatuas y fotografías. Siempre he contado con doctores, familia y amigos, pero esta vez necesito algo más. Los ángeles lo son.

Mis temores han disminuido. Me siento segura y protegida. Mi curación avanza y ya casi no siento dolor. Ahora tengo el valor de hablar de mi enfermedad y de participar más activamente en mi recuperación. Me he alejado de mi cabeza para hundirme en mi corazón.

Estoy más tranquila y mejor ubicada en todos los aspectos de mi vida.

Los ángeles me pidieron repetir la palabra OPLA como recordatorio de su presencia.

Querida Chrissie:
Sabes que te amamos y que estamos orgullosos de ti.
O - Óyenos.
P - Pídenos estar a tu lado.
L - Libérate de dudas y preocupaciones.
A - Adelante.
Cuenta con nosotros de esta manera.

Mi vida ha sido muy agitada, pero la he gozado. Estoy más convencida de eso desde la reaparición del cáncer, así que aún puedo decir que gozo la vida. Aunque me esté ocurriendo lo peor, me digo: "También aprenderé de esto." ¡Los ángeles y yo lo podemos todo!

La historia de Jackie

La primera vez que vi a los ángeles, creí que alucinaba. La noche en que los vi llegué muy tarde a casa y me sentía muy cansada. Permanecieron a mi lado mientras intentaba dormir, confortándome. Aquello duró toda la noche, y su ir y venir me contrarió tanto que no les permití mayor acceso a mi conciencia. Tenía apenas 21 años y no tenía idea de lo que pasaba.

Cerca de las 6 de la mañana, mamá abrió la puerta de mi recámara y me dijo: "Papá acaba de morir."

"Ya lo sé", le respondí.

Ahora sé que los ángeles me abrazaban y consolaban para prepararme amorosamente al tránsito de mi padre.

Recuerdo que aquella noche había mucha luz en mi habitación, cuando lo normal es que estuviera muy oscura. Recuerdo también haber tenido la sensación de que había mucho movimiento ahí y de que estaban presentes muchos ángeles. No podía dormir de tanta actividad en mi recámara. Esa noche mi vida cambió para siempre.

En los años posteriores le he preguntado a mucha gente qué pudo haber ocurrido. Conversé con personas de diferentes religiones, pero nadie me dio una respuesta que me satisfaciera. Sin embargo, lo entendí todo cuando comencé a escribirle a los ángeles. Supe de inmediato que ellos eran los seres que me acompañaron la noche en que papá murió.

Cuando murió mamá, vi cómo los ángeles llegaban y se la llevaban. No sabía entonces que eran ellos, pero ahora sí. Fue bellísimo presenciar el momento en que mamá dejaba de sufrir. Respiraba aún; pude decirle que había llegado la hora de partir. La vi entregarse a los ángeles. Vi, de súbito, aceptación en su rostro.

Mis ángeles no dejaron de visitarme aunque yo seguía sin saber quiénes eran. Cuando, por fin, comencé a escribirles, nuestro contacto se consumó. Antes me daban miedo, porque no comprendía.

Ahora sé que desde siempre he gozado de percepción extrasensorial. Puedo saber cosas, cosas que antes me atemorizaban porque no las entendía. Ahora me basta con escribir mis preguntas para que los ángeles me expliquen lo que sucede. Ya no tengo miedo.

Los ángeles son muy útiles. Por eso vale la pena conocerlos y escribirles. Lo que alguna vez tomé por alucinaciones ahora forma parte de mi comprensión de la vida. No estoy sola. No he sido abandonada. Me siento protegida. No puedo imaginar qué sería de mí sin mis ángeles.

La historia de Lindy

Mi primera experiencia de "escribirles a los ángeles" la tuve junto a Bárbara en su computadora. Ella ya me había contado que recibía mensajes maravillosos, algunos de los cuales me mostró. Creí entonces, como sigo creyendo ahora, que eran mensajes auténticos y que procedían de los ángeles.

Antes de comenzar a escribirles yo misma a los ángeles, acompañé un par de veces a Bárbara mientras ella tecleaba los mensajes. Hice algunas preguntas. Los ángeles ya me habían dicho que debía "hacer algo", y pensé que una terapia artística era buena idea. Nunca olvidaré el día en que les pregunté: "¿Una terapia artística?" Me contestaron de inmediato: "¿Y qué tal una terapia musical?", e hicieron una pausa.

La pausa fue importante, porque nunca se me había ocurrido una terapia musical y no tenía idea de dónde encontrarla. Pero ocurrió que en la misma página del diario donde había visto anunciado un curso de terapia artística aparecía también un anuncio de un taller de un día de duración con el título "Cambie su vida a través de la música y la imaginación". Me inscribí al día siguiente.

Si mi historia terminara aquí, sería prueba suficiente de la guía angélica. Pero no, no termina aquí.

En aquel taller de un día aprendí que la música es muy poderosa como técnica terapéutica y que puede ser usada con imaginación para curar. El taller me dejó tan impresionada que me inscribí a un curso de cinco días para aprender la aplicación de la técnica a otras personas. En él conocí a mujeres que han terminado por convertirse en mis mejores amigas.

Alentada por los ángeles, asistí después a un taller intensivo de siete días, y en la actualidad participo en un curso formal de dos años gracias al cual obtendré mi título como terapeuta. Uno de los requisitos para titularse es contar con grado de maestría en un campo relacionado con la psicología, así que también ya me he propuesto volver a la escuela para obtenerlo.

Sigo trabajando a menudo en la computadora para recibir los mensajes de los ángeles. La dirección, apoyo, asistencia, sugerencias de cambios positivos en mi vida, corteses críticas ocasionales, amor y consuelo que he recibido de ellos rebasan por completo todo lo que yo hubiera podido imaginar.

Cuando en la primavera de 1992 me senté junto a Bárbara frente a su computadora, no sospechaba siquiera que el mensaje que estaba por recibir cambiaría mi vida. Me sentía satisfecha en mi empleo, en el que había permanecido durante casi 20 años. Volver a la universidad y graduarme no estaba entre mis planes. Gracias a haberles escrito a los ángeles, ahora sé qué quiero ser cuando crezca. He renovado mis propósitos. La sola idea de volver a la universidad e iniciar una nueva carrera me hace estremecer. Sí, el taller de terapia musical era para "cambiar su vida", pero jamás lo habría tomado sin la guía angélica. Gracias, ángeles.

La historia de Bob

Llevo varios meses escribiéndoles a los ángeles, aunque en medio de grandes dudas. La oración ha sido importante para mí desde niño, así que la idea de esperar información "sólida" de alguien que no era Dios me inspiró desconfianza. A pesar de todo, no he dejado de escribirles a los ángeles, porque en el curso de una severa crisis personal de angustia recibí mensajes consoladores y tranquilizadores.

Mi hermosa nuera de 32 años de edad, madre de nuestra única nieta, había mostrado por fin síntomas de recuperación tras haber padecido durante un año un ataque de cáncer cervical. Los reportes médicos eran favorables, y nuestra gratitud infinita.

Una mañana me senté a temprana hora frente a la computadora que tenemos en casa y les pregunté a los ángeles: "¿Qué desean enseñarme hoy?" Para entonces estaba a punto de terminar de dar un curso de dos años en mi iglesia sobre *El amor por los demás*.

"Estudia nuevamente la lección de la aflicción y vuelve a dar esa clase." No tenía el menor interés en volver a exponer ese capítulo. Sin embargo, todos los mensajes angélicos que recibí en los días siguientes trataban de lo mismo. Hacía tiempo había comprado tres libros sobre ese tema, pero no los había leído; aparecieron repentinamente en mi escritorio. Una mañana, tomé el menor de ellos y lo metí apresuradamente en mi portafolio para leerlo si el viaje era aburrido. Ese día el tren pasó con cinco horas de retraso; antes de llegar a mi trabajo ya había terminado el libro.

Días después se me informó que había sido detectado un nuevo cáncer en los órganos vitales de Julie. Tenía que someterse a otra cirugía y a tratamientos agresivos. Pasé mucho tiempo con ella durante la terapia, tanto personalmente como por teléfono. Hablábamos de nuestra fe, y de nuestros sueños sobre el futuro de nuestros hijos. Hablábamos de nuestra misión en la vida y de lo que hasta entonces habíamos logrado. Le costaba creer que se le hubiera asignado la tarea de enseñar a amar... y mucho menos que ya la hubiera cumplido a tan temprana edad. Pero era cierto.

Mi hijo me llamó a principios de diciembre, durante la peor tormenta de nieve de la temporada, para decirme que Julie se había puesto "muy mal". Me pidió que fuera a verlos tan pronto como pudiera. Los ángeles ya me habían advertido que estaría presente en el tránsito de Julie. Pensé que sería imposible, con aquella nevada. Los aeropuertos habían cerrado y mi única opción era trasladarme allá en mi auto.

El viaje dura 12 horas en circunstancias normales. Tenía que salir de casa de inmediato, a pesar de la tormenta. Tras un breve refrigerio, salí de casa decidido a ver a Julie, a decirle que la amaba y a compartir nuestra fe una vez más. Deseaba también servirles de apoyo a mi hijo y mi nieta.

Los ángeles no dejaron de asegurarme que llegaría a tiempo. En toda la noche que duró mi viaje, con apenas dos escalas para cargar gasolina, coincidí en la carretera con no más de un par de autos o camionetas. Diez minutos después de que crucé el río Hudson la carretera I-80 fue cerrada durante 18 horas. Si no hubiera salido de casa en el momento en que lo hice, no habría visto a

Julie aún viva. No sentí sueño, ni desolación; no dejé de repetir cánticos o salmos, ni de sentir la presencia de mis ángeles en el auto en medio de la noche.

Pasé junto a Julie sus últimas horas de vida. La vi alzar los ojos a lo que seguramente era una luz brillante y tenderle la mano al ángel que venía a encontrarse con ella. Las últimas palabras que le dije fueron: "El Señor es mi luz y mi salvación, ¿a qué temeré? El Señor es la fuerza de mi vida, ¿de quién desconfiaré?"

Julie se fue el 15 de diciembre de 1992, habiendo pasado del extremo dolor a la más exquisita paz y cumplido con su misión.

La preparación que recibí de los ángeles para el tránsito de Julie modificó significativamente el curso de mi vida. De vuelta en casa, he ayudado a muchas personas a enfrentar sus procesos de aflicción. Todo lo que los ángeles me dijeron acerca de aquel viaje fue verdad, y aprendí a considerarlos como parte del plan de Dios.

La historia de Tom y Chris V.

Durante muchos años tuvimos la ilusión de comprar una casa, pero necesidades especiales y nuestros muy individuales deseos siempre se interponían en el camino y nos era imposible encontrar el lugar perfecto. Finalmente, un día decidimos poner el "problema de la casa" en manos de los ángeles.

Como lo habíamos aprendido en el curso, lo primero que hicimos fue PEDIRLES compañía. Luego, elaboramos una lista de qué era exactamente lo que deseábamos que tuviera la casa de nuestros sueños.

1. Tres recámaras: una para ambos y las otras dos para estudios personales
2. Un patio
3. Una chimenea
4. Molduras y acabados de madera natural
5. Tejado antiguo pero en buen estado
6. Muchas ventanas
7. Jardín
8. Todos los dispositivos modernos para una casa
9. Una hermosa vista
10. El precio más bajo posible

Encontramos la casa el primer fin de semana que dedicamos a la búsqueda. Apenas la vimos desde el auto, supimos que era el lugar que deseábamos. Nos acercamos para asomarnos por las ventanas, y cuando Chris intentó abrir la puerta trasera, ¡ésta cedió! Era la primera vez que estábamos en nuestro nuevo hogar y podíamos recorrerlo solos. Lo primero que nos vino a la cabeza al verlo fue "¡Guau!" Era fascinante. La casa transmitía una energía tan especial que no podíamos resistirnos a ella, así que en los días siguientes volvimos varias veces. Era como si poseyera una energía espiritual que nos obligaba a volver y verla de nuevo, aunque temíamos que nuestra ilusión no se cumpliera, porque la casa parecía exceder todas nuestras posibilidades. Pero los ángeles nos animaron a seguir adelante, pues nos pusieron frente al agente de bienes raíces perfecto. Fue nuestro "ángel" en la Tierra.

En virtud de que era la primera vez que pretendíamos comprar una casa, ignorábamos que el proceso de compra fuera tan complicado. En un instante, todo se nubló. Habían pasado ya seis semanas desde que nuestro agente le había hecho llegar al vendedor nuestra oferta y éste aún no se comunicaba con él para decirle si la aceptaba o rechazaba. Por nuestra parte, ya nos habíamos comprometido a desalojar el departamento que ocupábamos el 13 de diciembre; estábamos a fines de noviembre y no sabíamos nada del vendedor. ¡Llegamos a pensar en aumentar nuestra oferta para forzar al dueño a contestarnos! ¡Así de ilusionados estábamos con la casa! Pero cada vez que surgía un problema o una dificultad, se lo planteábamos a los ángeles y las cosas se resolvían.

Finalmente, pagamos por nuestra perfecta casa veinte mil dólares menos de lo que le había costado al dueño varios años antes. Incluso reparó algunas partes, sin que se lo hubiéramos solicitado. Luego de haber pedido un préstamo a un banco, nuestro agente nos llamó para decirnos que había conseguido en otro un acuerdo mejor. Terminamos pagando por nuestra casa menos de lo que pagábamos por la renta de nuestro departamento.

A lo único que tuvimos que renunciar fue a disponer de una hermosa vista, pero nos olvidamos de ella frente a nuestro magnífico jardín, rebosante de flores, plantas y árboles. ¡Teníamos hasta un árbol de pimientos! Cuando ahora nos asomamos a la ventana que da al jardín, nos damos cuenta de que no habríamos podido pedir una vista más encantadora.

Si usted desea comprar o vender una casa, pídales a los ángeles que le ayuden. Sea sensible a las señales de que están trabajando a favor de su causa. Aprenda a descubrirlos en las personas que le son enviadas. Si posee una mente abierta, se beneficiará enormemente de la orientación que reciba. Nuestros ángeles hicieron muchas cosas a favor de nosotros por intermedio de otras personas, mientras ellos permanecían tras bastidores. Nuestros problemas desaparecían y en su lugar brotaban grandes oportunidades. Muchas veces nos vimos en aprietos a causa de que los plazos se vencían, pero atenidos a nuestras solas fuerzas habríamos sido incapaces de solucionarlo todo tan bien como finalmente resultó.

Nos encanta nuestra casa. La gente que viene a visitarnos nos dice lo espléndidamente que nos ven en ella y lo agradable que es estar ahí. Nuestra energía y la de la casa han combinado a la perfección. Nos sentimos muy satisfechos de haber pedido y creído. Permitir que las cosas siguieran su curso fue la parte más ardua, pero ahora no cesamos de decir: ¡gracias!

La historia de Dodd

Domingo 31 de diciembre, 8:14 pm

Estaba tranquilamente sentado oyendo música y leyendo uno de mis libros preferidos cuando de pronto me invadió una sensación de disgusto. ¿Por qué debía pasar solo la noche de Año Nuevo? ¿Así lo había decidido? Sí, pero ¿habría decidido lo mismo si alguien me hubiera ofrecido otra opción?

¿Me sentía desdichado? No. La sencillez y total previsión de mis planes me tenían satisfecho. Era evidente que había querido dedicar esos días al trabajo, y que por ello había evitado planes complicados. ¿A qué se debía entonces esa sensación de desagrado? ¿Necesitaba a una dama en mis brazos para saciar mi ego? No lo creía así; habría podido llamarle.

Pero, ¿una pareja? ¿Una pareja íntegra, cariñosa, realizada, feliz, como aquella con la que solemos soñar en nuestra juventud? Eso sí, tal vez. ¡TAL VEZ!

Bárbara Mark me había dicho que había que seguir cuatro pasos para obtener la ayuda de los ángeles. 1: Pedir en detalle lo que se desea. 2: Creer que la petición será satisfecha. 3: Aceptar el don. 4: Dar las gracias.

Siendo así, podía inventarme una pareja. La idea me gustó. ¿Cómo la quería? Perfecta. Debía ser:

1. Brillante, inteligente y divertida.
2. Atractiva para mí.
3. Con un estilo de vida muy sano.
4. Experimentada, sexy y sensual.
5. De estilo elegante, aunque seria, no ostentosa.
6. Con hijos: un niño y una niña (dóciles y tranquilos).
7. Artística y creativa.
8. Con inquietudes y deseo de desarrollo personal.
9. Espiritual, convencida del lazo universal de la humanidad.
10. Consciente de que las personas son más importantes que las cosas.
11. Una atleta que comprendiera mi actividad física y apoyara mis esfuerzos.
12. Una persona matutina; porque yo me despierto a las 4 de la mañana.

"Adelante, ángeles", pensé. "¡Vayan por ella!"

Lunes 1º de enero, 8:13 pm

Caminaba solo por la playa. Ya la conocía, aunque sólo como amigos. Pareció salida de ningún lado cuando la vi junto a mí para decirme tranquila y simplemente: "Qué gusto verte." Hablamos hasta el anochecer, de muchas cosas. Me preguntó mis propósitos de Año Nuevo. Le dije que había pensado en conseguir una pareja. Me preguntó si estaba incluida en mis planes. Le dije que no. Fue un momento lánguido y delicioso. Fascinante. Eso fue todo.

Martes 2 de enero, 9:47 am

Una masa de fuego recorrió mi cuerpo. Sentí que la piel me ardía. Me quedé sin aliento, tan temeroso como exaltado. Me di cuenta de que ella no estaba *incluída* en mis planes: ¡Ella era mi plan!

Esta mujer es joven, atractiva, participa en competencias de remo y ha ganado trofeos. Es contadora titulada y madre de dos niños inteligentes, encantadores: un niño de 11 y una niña de 14. El decoro mismo en público y sensual en privado. Le interesan las ideas, cree en Dios, en los ángeles y la espiritualidad, y tiene grandes proyectos de desarrollo personal. Es atenta, afectuosa, inteligente, reflexiva, firme, alegre y seductoramente creativa. Pinta acuarelas y escribe poemas.

Ser positiva es el don que ella otorga a la humanidad. El amor es el don que me da a mí.

Ángeles: acepto este don y les doy las gracias. Ella está en este instante conmigo en mi habitación. Sigo sin recuperar el aliento.

La historia de Carol

Durante dos meses experimenté urticaria. Luego los músculos se debilitaron y sufrí dolor en las coyunturas y en la garganta, y fiebre alta. Finalmente terminé en el hospital por espacio de dos semanas. Una veintena de doctores me examinaron y me aplicaron la cura del millón de dólares. Aparentemente tenía una infección, pero no podían descubrir el origen. Los antibióticos no detenían los síntomas. Los esteroides sí. El hospital me dio de alta sin un diagnóstico concreto. Mi medicamento fue el esteroide prednisone, suficientemente poderoso para dañar mi organismo si lo hubiera tomado durante un largo tiempo.

Trudy sugirió que le preguntáramos a los ángeles si podían ayudarnos a comprender lo que estaba sucediendo. La respuesta que recibimos fue un tanto sorprendente. Dijeron que tenía "una infección parasitaria debido a un vino embotellado en América del Sur". Y que sería difícil obtener un diagnóstico en este país. Cuando les preguntamos cuánto tiempo estaría enferma, respondieron: "Tomará su propio curso y desaparecerá el mes entrante".

La reacción de mi esposo fue sarcástica: "Uh-huh." Mi amiga Patty dijo: "No creo en esto de los ángeles. Es demasiado extraño." Diez años de amistad llegaron a su fin.

Hace ya once meses que apareció la primera manifestación de urticaria. La semana pasada el doctor número 27 llamó. Es originario de México y me lo recomendó una nueva amiga. "Imagínese", me dijo, "descubrí que tiene un parásito extraño." Puesto que mi trabajo como azafata me obligaba a abordar distintos aviones que volaban hasta América del Sur, el médico pensó que el parásito que había adquirido probablemente provenía de uno de mis vuelos. Dejé escapar un grito: "¡Los ángeles tenían razón!"

Durante este periodo de enfermedad y frustración, aprendí a apoyarme en la meditación como método de relajación, fortaleza y paz. La meditación se ha convertido en un vehículo para aproximarme a Dios, mis guías y mis ángeles.

El otro día me encontré a Patty. Desde octubre no hablábamos. Ahora estamos a mediados de junio. Patty me preguntó cómo me sentía. Le respondí: "Mejor. Me acabo de enterar de que tengo un extraño parásito que se puede tratar fácilmente."

Se quedó boquiabierta. Después dijo simplemente: "No lo puedo creer. ¿Cómo es que no supieron qué era durante todos estos meses?"

Me encantó tener la oportunidad de responder, "¡Obviamente no le preguntaron a sus ángeles!" Gracias, ángeles, por ese delicioso momento de alegría.

En este mundo hay tanto amor como dolor. ¿No lo crees? Todos los días el amor se derrama en abundancia sobre los enfermos, los ancianos, los pobres, los agonizantes. ¿Y quién se lo da? ¿La Madre Teresa y sus discípulos? No. Este amor es ofrecido a manos llenas por los enfermos, los ancianos, los pobres y los agonizantes. Aún la choza más repugnante de la Tierra dispone de amor en abundancia. El amor engendra amor. La misión de tu ángel es el amor. La tuya, proseguir la suya.

Éstos son tus únicos deberes
en la vida:
1) Estar disponible.
2) Amar.

No hace falta más.

Epílogo

Es probable que usted sea como nosotras. Nos ha sido muy difícil aprender a aceptar lo mucho que los ángeles pueden darnos. Nos limitamos tanto como usted, a pesar de que se nos ha enseñado hasta el cansancio que la bondad de los ángeles es ilimitada. La historia de cómo se escribió este libro es para nosotras el mejor ejemplo de que los ángeles son capaces de dar mucho más de lo que podemos pensar en pedirles.

Luego de habernos dedicado un tiempo a impartir cursos, los ángeles nos dijeron que deberíamos escribir un libro para dar a conocer nuestro método a todas aquellas personas imposibilitadas de asistir a nuestras clases. Nos dijeron que ellos mismos se encargarían de ofrecernos las condiciones adecuadas para recibir el libro en un momento en que estuviéramos juntas. Nos aseguraron también, muy explícitamente, que tendría que ser escrito a toda velocidad, pero que no debíamos preocuparnos por su formato o contenido.

Lo más asombroso fue que nos garantizaron que una editorial aceptaría el manuscrito en un día y que nos sería enviada la persona indicada para hacer posible todo esto. ¡No les creímos! ¡Pensamos que nos correspondería "hacer algo"!

Una empleada del programa de televisión *Good Morning America* se comunicó con Trudy en marzo de 1992 para decirle que estaban organizando una serie de una semana sobre la espiritualidad en Estados Unidos y que les interesaba incluir un fragmento sobre los ángeles. Cuando el productor se enteró de que justamente en esos días Bárbara daba en Wyoming un curso sobre ángeles, se desplazó a Big Horn con Trudy un equipo de camarógrafos y un reportero para grabar una sesión. El programa, que fue transmitido el 1° de mayo, le ofreció a millones de espectadores una auténtica experiencia angélica desde nuestro pequeño salón de clases en un magnífico pabellón de caza.

La grabación duró cinco horas, con incontables interrupciones. Pero aprendimos que, cuando trabajan, los ángeles trabajan de verdad. Como de costumbre, todos los alumnos recibieron un mensaje, sin que lo impidiera la confusión generada por la filmación.

El propietario de esa casa de campo nos invitó a prolongar nuestra estancia el tiempo que fuera necesario a fin de que pudiéramos escribir el libro del que los ángeles nos habían hablado. El sitio era perfecto: justo a los pies de las montañas de Big Horn, en la histórica vereda de Bozeman. Veíamos pasar frente a nosotras a venados corriendo por los campos, y el portal se llenaba de faisanes que venían a saludar a los ángeles ahí reunidos. Disponíamos de todo lo que queríamos comer y de todo el tiempo que necesitáramos para trabajar en este libro sin distracción alguna.

El primer día no pasó nada. Los ángeles nos dijeron: *"Descansen y paseen."*

Tampoco el segundo día pasó nada. Esta vez los ángeles nos dijeron: *"No se preocupen. Empezaremos cuando llegue el momento. Mientras, descansen."*

El tercer día, lo mismo: nada. Comenzamos a inquietarnos. Nos habíamos trasladado a ese lugar espléndido, experimentado la emoción de enseñar juntas por televisión, y después de haber recibido todas las seguridades de los ángeles de que haríamos el libro... ¡y no pasaba nada! Los ángeles simplemente nos dijeron: *"Tranquilícense y tengan paciencia, pequeñas, porque están siendo preparadas para recibir nuestra información y guía."*

Como niñas impacientes, al cuarto día nos sentamos a la computadora y preguntamos: "¿Qué ocurre, ángeles? ¿Cuándo vamos a empezar?"

Ésta fue su atronadora respuesta: *"¿Están preparadas? Comiencen con el capítulo uno, sigan con el dos, luego el tres, etc. No den marcha atrás."* Y el libro comenzó. Una de nosotras recibía información durante cierto lapso y después la otra se sentaba en la computadora y recibía. Este libro fue un verdadero proyecto colectivo, de principio a fin. De Bárbara, Trudy y nuestros ángeles.

Antes de dejar Wyoming les dimos las gracias a los ángeles (y a nuestros anfitriones) y les pedimos que nos enviaran al agente y la editorial indicados para la publicación de *Hablando con su ángel de la guarda*.

En los meses que siguieron nos dio la impresión de que las cosas no avanzaban y de que la posibilidad de ver el libro publicado seguía siendo la misma que al abandonar Wyoming. Los ángeles no cesaron de acompañarnos, aliviar nuestros temores y solicitar nuestra paciencia. No debíamos olvidar que no era un libro nuestro, sino el libro de Dios que los ángeles nos habían ayudado a escribir. A diario recibíamos mensajes en los que se nos decía: *"Todo marcha bien. Están ocurriendo cosas que ustedes ignoran. Paciencia."*

¡Qué angustia!

Por fin llegaron hasta nosotras los agentes que nos habían sido prometidos. No habíamos tenido que buscarlos y resultaron los más adecuados para nuestras necesidades. Cuando los conocimos sabían muy poco de ángeles, y creían menos, pero poseían gran experiencia en la edición de libros y nos fueron de gran utilidad en cada paso del proceso.

En una de nuestras conversaciones, los ángeles nos dijeron que Bob, el esposo de Trudy, haría el contacto con la editorial apropiada. Y así fue. En el curso de un proyecto de su iglesia, el ministro le sugirió a Bob que se comunicara con un editor de Simon and Schuster a quien conocía. El jueves siguiente, el editor recibió el libro por la mañana, en la tarde ya estaba aceptado y esa misma noche se nos dio la noticia. ¡El libro fue aceptado en un día, como los ángeles nos lo habían dicho!

Sólo nos resta pedirle a usted que permita a los ángeles formar parte de su vida. Si lo hace, le ocurrirán verdaderos milagros. Se sorprenderá de cuánta alegría y consuelo pueden brindarle, de la guía y apoyo que habrá de recibir de ellos y de la abundancia de paz y amor que prevalecerá en su vida.

Nos dijeron: *"Les daremos más de lo que jamás hayan pensado pedir."* Así lo han hecho.

He aquí el mensaje final para usted:

EL CONTACTO DE LOS ÁNGELES

¿Alguna vez has tenido una idea
tan clara, pura y verdadera
que sentiste inundarse tu cuerpo de estrellas
hasta la última de tus células?
Era el contacto de los ángeles
o torrente del amor.
Éramos nosotros.
¿Alguna vez te has despertado a media noche
con una idea tan precisa
que podría dar respuesta a todas tus preguntas?
Éramos nosotros.
¿Alguna vez te has sentido tan tranquilo
que oíste los acordes de "la música de las esferas"?
Éramos nosotros.
¿Alguna vez has sentido tanto amor
que no pudiste expresarlo
porque ninguna palabra contendría ese sentimiento?
Éramos nosotros.
¿Alguna vez te has sentido tan unido a la Tierra y a Dios
que viste en ello tu verdad en toda su gloria?
Éramos nosotros.
¿Alguna vez te ha invadido una paz tan profunda
que te fue imposible agotarla?
Éramos nosotros.
¿Alguna vez te has sentido tan lleno de luz y de amor
que te creíste habitado por Dios o el Espíritu Santo?
Eras tú.
Pero también nosotros.
No es difícil encontrarnos.
Estamos en la quietud.
Estamos en la espera.
Estamos en el conocimiento.
Basta con que SEAS TÚ.
Ahí estaremos.

Sobre las autoras

Las hermanas Bárbara Mark y Trudy Griswold se dedican actualmente a impartir cursos sobre técnicas de comunicación con los ángeles, con lo que han contribuido a que numerosas personas de Estados Unidos se conozcan mejor a sí mismas. Recientemente aparecieron en la serie "Spirituality in America" del programa de televisión *Good Morning America,* en el curso de un taller a su cargo sobre el contacto con los ángeles. Bárbara vive en San Diego, California, y Trudy en Westport, Connecticut.